W0412634

ATTICA GUEDJ

TU ES LÀ

ÉDITIONS INTERVALLES

Ça y est, mon front est tombé sur mes yeux. Ça s'est passé cette nuit.

Mes arcades sourcilières alourdies me donnent un air de femme de Cro-Magnon. Ridicule.

Et l'éclat de mon œil noir, où est-il ? Et le blanc, donc, jadis presque bleu ? Mouais, il est juste blanc, maintenant, quoi. Encore heureux qu'il ne soit pas jaune.

Mes cheveux, restés noirs et brillants si longtemps, et qui rendaient certaines copines jalouses, je les fais teindre désormais. Me voilà vaguement châtain, de cette couleur inventée par les coiffeurs pour recouvrir ces rails d'écheveaux gris qui tissent nos pauvres crânes. Celles qui préfèrent garder cette preuve du temps qui passe, tant mieux pour elles. Moi, j'ai fait un autre choix. Pendant le premier confinement, comme les autres femmes, j'ai vu mes cheveux grisailler progressivement, et franchement, j'avais l'air d'avoir une serpillère sur la tête.

Que dire de ma peau, jadis si élastique ? Je dois donner un coup de chapeau à mes grosses joues qui ont eu la vertu de tendre efficacement ma peau jusqu'à il y a peu, sans que je recoure à la chirurgie esthétique. De toute façon, j'aurais eu trop peur de ne pas me reconnaître dans la glace si j'avais cédé à cette tentation. Toujours est-il que mon fameux « ovale » est devenu flou comme un retombé de voilage.

Je préfère ne pas m'attarder sur mon teint mat de méditerranéenne, devenu si terne que je dois me maquiller quotidiennement, si je ne veux pas infliger un masque tout brouillé à mon entourage.

Aborderais-je l'état de mon corps ? Allons-y, je livre ici ma consternation quotidienne devant ses contours à présent indistincts, et sa mobilité empêtrée. Oh oui, ce que je suis devenue lourdasse ! Ce n'est pas tant que j'aie grossi, non, enfin oui, forcément, mais pas au point de modifier radicalement ma silhouette, mais pour ce qui est de la souplesse...

Où sont mes folles années de claquettes et de rock'n'roll ? Je me pince pour me souvenir de cette joyeuse – et longue – époque où je me donnais en spectacle à la moindre occasion. Un bon rythme et hop, il fallait que je gigote, c'était plus fort que moi ! Dans toutes les fêtes qu'on donnait autant que dans celles où nous étions invités, j'étais toujours la première à donner le signal du départ pour danser. Et ce que c'était bon ! Était-ce l'Afrique en moi qui voulait s'exprimer, ou l'Orient ? Ou tout simplement la joie de vivre ? Tout ça à la fois, sans doute, dans un corps que je ressentais pleinement.

Bon, tout ça, c'est fini, il faut s'y faire. Enfin, tout est relatif, car j'avoue que j'aime toujours danser toute seule, chez moi, sur du jazz, du rock, ou de la pop. D'accord, je danse avec moins de fougue et de grâce que jadis, mais avec la même joie. Je ne suis pas une ruine, non plus, hein ! Je peux encore faire illusion... fugacement. Par exemple, à l'extérieur, je me tiens bien, je fais la fière, mais quelqu'un qui me connaît depuis longtemps et qui marcherait derrière moi trouverait ma démarche quelque peu coincée.

Il faut dire que je fais partie de ces malheureux qui ont toujours mal aux pieds. Oui, je sais que j'ai dit que je dansais chez moi, mais quand même pas comme Rita Moreno dans *West Side Story*. J'ai donc mal aux pieds, et quand on a mal aux pieds, on a mal au dos. Résultat : j'ai la démarche moins conquérante, forcément, et je tortille moins des fesses, mais ça, ce n'est pas plus mal, car j'ai toujours eu tendance à onduler inconsidérément du popotin.

Bref, jeunesse, beauté, adieu !

Il paraît que « c'est la vie ». Mais quand même, merde alors !

Allez, ce n'est pas si grave. Évidemment que ce n'est pas grave.

Le plus grave, c'est ce qui t'arrive, mon pauvre amour, ce qui nous arrive, cette saloperie de maladie qu'on t'a diagnostiquée, il y a déjà dix ans.

C'est toi qui as voulu savoir.

Au retour d'une mise en scène en Allemagne où tout s'était mal passé, tu te plaignais de ne pas avoir pu trouver tes mots en allemand – une des langues que tu maîtrisais parfaitement – pour parler aux acteurs, de ne pas avoir réussi à t'exprimer pleinement face à ton équipe, et ce déficit de communication t'avait miné. J'ai bien essayé de te rassurer, arguant qu'après tout, tu ne vivais plus en Allemagne depuis longtemps, et que c'était bien normal de ne pas retrouver la fluidité verbale de ta jeunesse. Mais ton inquiétude était si prégnante que je n'ai pas réussi à la calmer.

On a donc pris rendez-vous à La Pitié Salpêtrière, auprès du service dédié aux maladies de la mémoire.

Tu as été très courageux pendant les examens. Tu as accepté sans broncher la ponction lombaire. On t'a assis sur une table d'examen, puis on m'a demandé de m'asseoir moi-même sur une chaise en face de toi, et de te tenir fermement les mains. J'ai lutté pour ne pas te montrer que j'étais terrifiée. Pendant qu'une infirmière te piquait dans le bas du dos, ton visage a juste un peu rosi, tandis que tu me regardais bien dans les yeux, avec espoir, je crois.

Après les différents tests, la neurologue t'a reçu seul d'abord. Elle arborait ce genre de sourire permanent qui permet, croit-on, d'atténuer les choses difficiles à dire.

Après un moment passé seule avec toi, elle est venue dans la salle d'attente, m'inviter à te rejoindre dans son bureau. À peine arrivée sur le seuil, je t'ai vu t'essuyer furtivement les yeux, un peu tassé sur ta chaise. Tu m'as lancé un petit coup d'œil éperdu, mais qui essayait en même temps de me rassurer.

Dès que j'ai été assise, la neurologue m'a annoncé ce qu'elle t'avait manifestement déjà dit, à savoir que tu présentais « les symptômes d'un début d'une probable maladie d'Alzheimer ».

Tu m'as jeté un nouveau petit regard rapide, sans doute pour voir comment j'encaissais le coup moi-même.

Pendant qu'elle rédigeait son ordonnance, la neurologue nous a demandé quelques détails sur notre mode de vie et quand elle a compris qu'on allait souvent en Provence, et qu'on s'y déplaçait pas mal en voiture, elle a dit qu'évidemment, il fallait que tu t'abstiennes de prendre le volant, désormais. Je me suis exclamée, révoltée : « Mais il aime tellement conduire ! » Toujours avec son sourire compréhensif, elle nous a laissé entendre que ce serait, dorénavant, à nos risque et périls.

Dans les circonstances difficiles, il me vient toujours ce réflexe de sauvegarde : « Bon, écoute, ma fille, puisqu'on n'a pas le choix, il faut tenir. » Alors, ce jour-là, je me suis blindée une bonne fois pour toutes les années merdiques à venir, en me disant « Adieu, les beaux jours ».

Dans le taxi du retour, j'ai dit quelques banalités. Nous avons été bloqués en plein Paris dans un énorme embouteillage. Tu as dit qu'on allait rentrer à pied. Et c'est ce qu'on a fait. Tu as payé le chauffeur, et tu m'as entraînée derrière toi en me tenant par la main, comme tu le faisais toujours, marchant de tes grandes enjambées énergiques de toujours, et comme toujours, j'ai eu du mal à te suivre, essayant de rattraper ton rythme, à petits pas de course.

Arrivés chez nous, on ne s'est rien dit sur ce qu'on venait d'apprendre, chacun sachant que l'autre avait une enclume dans le cœur.

Tu as commencé à prendre ton traitement dès le lendemain. Et on n'en a plus jamais parlé. Ni entre nous, ni moi à quiconque. Je craignais trop que le regard des autres sur toi ne change, dès la maladie nommée. Je ne l'ai appris à ton propre fils qu'au bout de plusieurs mois.

À part ta prise de médicaments quotidienne, les jours se déroulaient sans accroc.

Tous les matins, tu descendais acheter ton *International Herald Tribune*, dans lequel tu continuais à me découper, comme chaque jour, depuis des années, pour ma collection, la courte bande dessinée qu'on adorait tous les deux, « Peanuts », dont le petit héros, Charlie Brown, te ressemblait, se disait-on dans l'intimité. Vous aviez tous les deux ce même air innocent d'un « round headed kid » !

On allait pas mal au cinéma, ça nous donnait l'occasion d'une bonne balade jusqu'aux Grands Boulevards. Tu aimais tellement marcher.

On allait souvent dîner dans les restos du quartier.

On a continué à vivre comme d'habitude.

On t'a même proposé une mise en scène. Et... tu l'as acceptée ! Comment ai-je pu te laisser faire ça ?

J'ai pensé que te décourager te ferait plus de mal que de te laisser te lancer à l'aveugle dans l'aventure. Les symptômes de la maladie n'étaient pas encore criants, pour l'extérieur.

Et puis, ça se passerait dans un joli théâtre où tu avais joué une pièce hilarante, autrefois, *Le soir des diplomates* de Romain Bouteille. Ce que tu y étais drôle ! Dès le début de la pièce, tu apparaissais sur scène, habillé en moujik, en disant

« Chou rouge-topinambour ». Tu avais mis longtemps à avouer à Romain que tu ne comprenais pas pourquoi tu disais ça en entrant, et il t'avait répondu, de sa voix rocailleuse, comme s'il s'agissait d'une évidence « Ben, tu annonces le menu du soir ! » Je crois que le malicieux Romain t'avait réservé un maximum de « r » à prononcer, dans ton rôle, et ce, dès ta première réplique. Il faut dire qu'après toutes ces années passées en France, tu as continué à rouler gaillardement les « r », et dans la vie, et sur scène (sauf en anglais, mystère !). Ce spectacle avait très bien marché, le public était en joie tous les soirs.

Tu vivais vers la butte Montmartre, à l'époque, et Patrick Dewaere, un de tes partenaires dans la pièce et voisin de quartier, te raccompagnait gentiment chez toi, chaque soir, à scooter.

C'était une période dont tu avais gardé un très bon souvenir. J'avais donc espoir que dans ce théâtre qui t'était familier, la confiance te guiderait pour la mise en scène qu'on venait de t'offrir.

Mais l'aventure fut un désastre, bien entendu.

Ta capacité à te concentrer était déjà très amoindrie. Tu courais derrière les idées, tu te perdais dans les personnages, sans compter les tensions inhérentes à toute équipe au cours des répétitions, les humeurs de telle actrice ou les doutes de tel acteur... Quel calvaire pour nous deux ! Toi, tu faisais des efforts constants pour avancer vaille que vaille dans le travail, te triturant la cervelle pour essayer de garder le fil. Et moi, de la première répétition à la dernière représentation, j'ai compté les heures, les minutes, les secondes à guetter tes *fadings*, à voir la catastrophe se profiler, à supporter l'ambiance lourde qui s'était très vite installée dans l'équipe, à attendre, tendue comme un arc, que tout ça finisse.

À la fin des représentations, tu étais laminé.

Tu t'es senti plus personne.

Cet échec a eu pour effet de te ramener des années et des années en arrière quand, tout jeunot, arrivé en France depuis peu, tu n'avais pas encore fait tes preuves.

Au fond, tout a commencé à se gripper quand tu as vendu ton théâtre.

En te voyant signer le contrat de vente, j'ai su que ta vie allait radicalement changer. Toi, tu semblais totalement inconscient du bouleversement qui t'attendait.

Il faut dire que la vente s'était passée dans de bonnes conditions, et professionnellement parlant, tu savais que c'était le moment de passer la main.

D'abord, la mort de ton auteur préféré, James Saunders, t'avait un peu déstabilisé. Tu avais trouvé chez lui un frère d'âme. Dans *C'était bien*, une de ses pièces que tu avais mises en scène (notre traduction préférée), tu t'étais coulé comme dans un gant. Tout te parlait, dans cette pièce, notamment la manière dont le thème de l'émigration était traité, évoquant finement le cas des dissidents qui préféraient quitter leur pays, et de ceux qui y restaient pour lutter de l'intérieur, comme Václav Havel l'avait fait, et dont tu admirais la décision.

Cela dit, tu avais encore trouvé du plaisir à monter de plus jeunes auteurs anglo-saxons, et connu de beaux succès comme avec Ben Elton et son imparable *Pop-corn* qui dura deux cents représentations au La Bruyère et presque autant en tournée. Tu avais aussi déniché le jeune David Farr et ses *Lunettes d'Elton John*, pièce que tu avais montée au théâtre Tristan Bernard et que j'avais adoré jouer. J'avais la joie d'y être entourée de « mes trois enfants de théâtre », de tout jeunes acteurs qui avaient fait leurs premiers pas professionnels à mes côtés, et pour qui j'ai toujours une grande affection (coucou, vous vous reconnaissez ?). Je venais aussi de me faire opérer de ma grande myopie et c'était la première fois que je jouais avec mes yeux « nus », sans lentilles de contact, ce qui m'avait donné des ailes ! Ça m'avait désinhibée, en quelque sorte, je ne sentais plus aucun mur face au public. Myope ou pas, des bonheurs d'actrice, j'en ai eu plein ! Avec des mentions spéciales pour certains rôles, comme dans *La femme sauvage* par exemple. Pas celle de Kateb Yacine, mais celle de Jean Yvane. Un texte écrit dans une syntaxe « pied-noir », et beau comme du Racine. Tu aimais beaucoup que je monte mes propres spectacles. Celui-ci t'avait ému aux larmes. Le succès a continué à être au rendez-vous au La Bruyère avec ton merveilleux *Des cailloux plein les poches* de Mary Jones, puis avec *Un monde fou* de Becky Mode, où Éric Métayer faisait des étincelles. Ton goût pour les pièces anglaises ou américaines était connu, mais comment oublier l'instinct infaillible que tu as eu en créant *Cuisines et Dépendances* d'Agnès Jaoui et Jean-Pierre Bacri ? Leur deuxième pièce, *Un air de famille*, tu avais été obligé de la monter au théâtre de la Renaissance, nos 332 places du La Bruyère ne suffisant plus à un public toujours plus nombreux. D'ailleurs, nous en avions initialement 362, mais Laurent Terzieff, pour les besoins d'un des spectacles que nous avions accueillis, avait jugé qu'il manquait une petite avancée à la scène, et nous y avions donc ajouté un triangle d'un mètre de largeur, ce qui nous avait obligés à supprimer le premier rang d'orchestre. Laurent a été un « pensionnaire » extraordinaire. Le choix de ses textes, de ses comédiens, sa façon si particulière à lui de jouer, à la fois lyrique et très concrète, faisaient de ses passages des moments d'exception. De toutes ses pièces montées au La Bruyère, ma préférée était *Ce que voit Fox* de James Saunders. Laurent partageait avec toi le même attachement à cet auteur. Le dernier spectacle qu'il a créé chez nous avait été *Temps contre temps* de Ronald Harwood.

Un triomphe, comme d'habitude, mais voilà-t-y pas qu'après quelques représentations, ce pauvre Laurent se rompt les deux tendons d'Achille en traversant le boulevard Saint-Germain, et... te demande, ainsi qu'à Philippe Laudenbach, de le remplacer jusqu'à son rétablissement, en scindant son rôle en deux. On n'a donc pas eu d'autre choix que de fermer le théâtre pendant quelques jours, pour vous laisser le temps de répéter un peu. Et quand, le soir de l'accident, on a annoncé au public massé dans notre hall minuscule que le spectacle était annulé, ça a été l'émeute. Le fan-club de Laurent était essentiellement composé de femmes de son âge qui se souvenaient, énamourées, de lui dans *Les Tricheurs*. Apprendre qu'elles ne verraient pas leur idole en chair et en os le soir même était inacceptable ! Il faut dire qu'il était d'une grande beauté, à l'époque du film. Et il en avait toujours gardé ses yeux sauvages de loup. En tout cas, tu n'avais pas démérité en remplaçant Laurent dans la première partie de la pièce où tu t'étais taillé un beau succès dans ce rôle de vieil handicapé bougon.

Oui, nous avons connu des années enthousiasmantes.

Mais le goût du public était en train de changer. Les spectateurs se montraient moins attentifs, moins patients, moins respectueux. Je me souviens du grand Robert Hirsch que tu avais mis en scène dans *Moi, Feuerbach* de Tankred Dorst, qui, au début de la pièce, faisait une entrée timide, cherchant un metteur en scène invisible devant qui le vieil acteur plein de trac qu'il jouait devait passer une audition, et dont les premiers mots étaient, avec sa voix à vous tirer les larmes « Il y a quelqu'un ? » Eh bien, un soir, il s'est trouvé un imbécile dans la salle pour lancer « Ch'uis là ! » Robert a marqué le coup, et il a crié « Ta gueule ! » Puis il est rentré en lui-même et a repris là où on l'avait interrompu. La salle était confite d'admiration. L'évolution des mœurs du public était visible aussi avec ces bouteilles d'eau que les gens commençaient à se trimballer partout et auxquelles ils buvaient sans vergogne pendant les spectacles. Ah, ce bruit de plastique malaxé au beau milieu d'une scène ! Comme si on ne pouvait pas s'abstenir de boire pendant une petite heure et demie ! Mais le vrai tournant, ça a été le début des téléphones portables. Une fois, Francis Perrin qui jouait avec Monique Chaumette dans *Tantine et Moi* de Morris Panych[1], est interrompu dans un moment très intime de la pièce par un téléphone qui se met à sonner très fort. Le propriétaire du téléphone, tétanisé, localisé grâce au bruit de son appareil, fait comme si de rien n'était. Et la sonnerie continue, continue. Alors, Francis, excédé, lui lance « Mais vas-y, décroche ! » L'autre, mortifié, finit par neutraliser l'engin. Quelle calamité pour les acteurs !

Ajoutons à tout ça que de récents changements de personnel avaient un peu altéré la bonne ambiance de l'équipe du théâtre, rendant son fonctionnement moins léger, moins facile. Alors, oui, c'était le bon moment pour vendre « le LaB », comme on l'appelait entre nous, tu t'en es séparé pile-poil quand il le fallait.

Toujours est-il que ce tournant a représenté pour toi un vrai traumatisme, j'en suis sûre. Comment allais-tu supporter ce vide, cette inactivité, après ces vingt-cinq années de travail intensif, vingt-cinq années joyeuses, vingt-cinq années pendant lesquelles tu avais été si entouré, fêté, courtisé, admiré, tandis que les Molières pleuvaient...

Tu allais laisser derrière toi une vie bouillonnante, à toujours rechercher de bonnes pièces, à trouver les bonnes équipes – acteurs, décorateur, créateur de lumière, de costumes – qui feraient que la sauce prendrait, et que le public serait conquis. Des années jalonnées de surprises, car il pouvait t'arriver de monter des pièces selon ton cœur, mais qui ne plaisaient pas au public, et à en monter d'autres dont tu n'étais pas pleinement satisfait, mais qui faisaient pourtant un tabac, c'étaient les risques du métier. Des années à mener une carrière où les choses ne sont jamais acquises, mais qui rend si heureux quand tout se met en place comme on l'a imaginé.

Comment allais-tu pouvoir vivre sans tout ça ?

---

1. Celle-ci, ce n'est pas nous qui l'avions adaptée, mais Michel Blanc.

Tes premières semaines sans ton théâtre, tu as lu tout ton saoul. Comme toujours, tu piochais dans tes bouquins favoris, en anglais, en allemand, en français.

Comme tu l'avais fait chaque matin de ta vie, tu lisais ton *International Herald Tribune*, installé dans ton fauteuil préféré. Tu me commentais avec esprit les articles qui t'intéressaient, et comme d'habitude, tu me découpais mes fameux « Peanuts ».

Tu passais les heures agréablement, tu te réjouissais d'avance de pouvoir profiter davantage de la belle maison que nous avions achetée quelques années plus tôt en Provence. Tu te sentais libéré, en quelque sorte.

Mais une chose spectaculaire est arrivée, que tu n'avais pas du tout prévue : le téléphone s'est arrêté de sonner, du jour au lendemain. Le 30 décembre 2007, on a donné une grande fête au théâtre, en guise d'au revoir aux collègues et copains, et le 31 au matin, le téléphone est devenu muet.

Quand tu étais directeur de théâtre, le téléphone sonnait sans arrêt. Pas seulement dans ton bureau, au La Bruyère, mais à la maison aussi, tout le temps. On te demandait de lire tel texte, de considérer tel projet, de donner tel avis, de recevoir telle actrice, tel acteur, tel coproducteur éventuel. Il arrivait même qu'un acteur te demande de lire une pièce, juste pour savoir si tu trouvais qu'il avait eu raison de la refuser, ce qui t'amusait beaucoup. C'était une valse ininterrompue de rendez-vous, de discussions avec les agents, de rêveries avec les décorateurs sur le spectacle à venir, d'organisation de répétitions, de promesses de rencontres, d'appels venant de toutes parts.

Mais à partir de jour-là, SILENCE. Ça a été un vrai choc.

Sans ton théâtre, tu t'es retrouvé comme un magicien ayant perdu ses pouvoirs. En fait, ce que tu espérais, en le vendant, c'était continuer à travailler en free-lance, faire des mises en scène dans des théâtres amis, traduire de nouvelles pièces, trouver un nouveau rythme, travailler davantage en Allemagne...

Mais ça ne s'est pas passé comme ça. C'est ce que tu as répondu un soir, à un ami qui te demandait justement, de façon désinvolte, pourquoi tu n'avais pas continué à travailler ailleurs, après le La Bruyère : « Ça ne s'est pas passé comme ça. » Tu l'as dit si bas, la voix nouée par l'émotion, que ton interlocuteur ne t'a même pas entendu.

Au début des années 2000, tu étais en pleine forme.

Dans le train qui nous emmenait régulièrement vers le sud, ton plaisir était de reconnaître les repères qui nous rapprochaient peu à peu d'Avignon. Tel village perché se montrait sur la gauche, et tu m'annonçais qu'on en avait encore pour trois quarts d'heure, un champ d'éoliennes se profilait au loin, et on n'était plus qu'à vingt minutes de la gare. Une fois dans la voiture, c'était pareil. Tel relief, tel rond-point, tel hangar de maraîcher, chaque détail sur la route nous signalait gaiement la distance qui nous séparait encore de la maison, cette belle maison que tu avais tant voulue.

Quelques années avant, quand tu avais eu envie de plus de soleil qu'à Paris, on s'était mis à chercher une maison en Provence.

Après nos nombreuses visites de « villas », de « maisons au charme authentique », et de « demeures de caractère », le maire de Monieux, qui y tenait aussi un restaurant où nous nous régalions entre deux expéditions immobilières, perça à jour ton vrai désir. Il avait détecté dans ton œil bleu ton envie d'un lieu « unique ». Alors, il nous avait dit « Là-haut, il y a quelque chose de bien, mais il n'y a rien ». Il faut imaginer, bien sûr, le délicieux accent provençal de notre nouvel ami en prononçant bien et rien.

Donc, nous étions allés voir ce « là-haut ». Effectivement, il n'y avait rien. C'est-à-dire que nous avions découvert une ruine magnifique dans une forêt de chênes blancs, avec au fond, une montagnette, comme on dit là-bas, d'un relief plus petit qu'une montagne et plus haut qu'une colline.

Tu étais tombé en arrêt devant cet amas de pierres surmontées par endroits d'un squelette de toit. Moi, j'avais éclaté de rire. « Bon, mon chéri, tu sais bien que ce n'est pas une ruine qu'on cherche, mais une maison habitable tout de suite ! Allez, ne perdons pas de temps et remettons-nous en route. »

Tu n'avais rien répondu, planté devant la ruine.

Moi : Euh Stephan ?

Silence. Tu étais resté là, du rêve plein les yeux.

Moi : Enfin, tu es d'accord que c'est une ruine ?

Toi : Oui, mais c'est beau.

Moi : Ah non non non ! Pas une ruine !

Toi : ...

Moi : Mais enfin, on n'a jamais parlé d'acheter une ruine !

Toi : ...

Moi : C'est ... c'est... c'est à douze kilomètres du village !

Toi : ...

Moi : À soixante kilomètres de la gare !

Toi : ...

Moi : C'est une ruine, Stephan ! Tu vois bien que c'est une vraie ruine ?

Toi : Oui, mais c'est beau.

J'avais arrêté de gesticuler, comprenant que ce n'était pas la peine de résister. C'était beau, un point c'est tout. Tu t'y voyais. Pourquoi aurais-je cassé ton rêve ? Et tu avais raison, c'était la plus belle chose qu'on avait visitée jusqu'à ce jour-là. Visitée, façon de parler, vu qu'il n'y avait même pas de porte !

Alors, la ruine, on l'avait achetée et rebâtie en trois ans. Et au résultat, comme tu l'avais dit dès le début, c'était BEAU.

Tu étais si fier qu'on puisse recevoir les enfants dignement dans cette maison. Une de tes tantes, venue nous rendre visite, admirant l'harmonie du lieu, t'avait dit « Tu t'es refait ton petit Sárospatak[2] ! » Elle parlait du château où tu es né et où tu as passé ta petite enfance, en Hongrie. Peut-être qu'inconsciemment, tu avais cherché à reproduire un peu de la beauté qui t'avait entouré, au début de ta vie. C'était surtout cette impression d'espace que tu aimais, dans cet endroit, à l'extérieur comme à l'intérieur, avec cette vue sur la campagne, la forêt de chênes, les lavandes qu'on avait fait planter, et la montagnette...

Tu te sentais bien dans cette maison, autant dans la plus vaste pièce, à faire des réussites sur une table, que dans les petits coins tranquilles où, carré dans un fauteuil, tu passais des heures à bouquiner.

Infatigable, tu partais en promenade dans la forêt, soit pour ce que tu avais baptisé le « grand tour », soit pour le « petit tour », déjà bien conséquent. Je regrette tant, aujourd'hui, de ne pas t'y avoir accompagné plus souvent, j'avais toujours un truc à faire dans la maison, un rideau à poser, un tiramisu à ne pas rater, ou un bon bouquin à finir. Mais ça ne te dérangeait pas d'arpenter la campagne tout seul. Tu revenais tout requinqué de ces balades.

L'été, à peine levé, tu te jetais dans la piscine, avant même le petit-déjeuner. Pourtant l'eau est froide, dans cette région de Provence. Toute la famille admirait ton audace.

Quand des chenilles processionnaires ont commencé à attaquer un cèdre majestueux, devant la maison, tu t'es emmitouflé dans plusieurs épaisseurs, tel un bibendum, tu as enfilé de gros gants, tu t'es enfoncé un bonnet jusqu'aux yeux, et ainsi équipé afin d'éviter les risques d'inflammation que pouvaient provoquer ces sales bêtes, et armé d'une scie, tu t'es mis à escalader le grand cèdre, malgré mes cris de réprobation « Non, mais ça va pas ! Tu vas tomber ! Tu vas te casser le cou ! Redescends, sinon je divorce ! » Tu n'en avais rien à faire, tu grimpais, tu

---

2. Se prononce « Charochpotok », avec les o qui se prononcent très ouverts.

grimpais. Et te voyant tellement à l'aise dans cette ascension, je me suis dit que quand tu étais petit, tu avais dû souvent monter aux arbres, dans ta campagne hongroise. Ce jour-là, tu as scié toutes les branches attaquées par les chenilles, et tu es redescendu, triomphant.

Tu aimais aussi couper du bois pour en faire des piles impressionnantes.

Tu préparais des feux de cheminée comme tu en avais vu dans les westerns, c'est-à-dire que tu disposais des pierres en cercle dans le foyer, et tu entassais papier, brindilles et bûches au milieu. Ça marchait très bien. Ça donnait envie de chanter des chansons de cow-boy.

C'était une période où tu apprenais à jouer aux échecs à tes petits-fils, et où tu me battais au Scrabble, auquel tu excellais en « coups pourris », à mon grand dam ! Quand je faisais péniblement dix-huit points, tu me collais un mot compte triple avec un wu, un won ou un kwas. Ce que tu avais l'esprit agile, à cette époque ! Et comme tu étais joyeux.

On en a fait, des fêtes, dans cette maison ! Dès notre arrivée dans la région, on avait rencontré des gens du coin intéressants et pleins d'humour, vite devenus des amis, bien loin de notre faune théâtrale habituelle, et c'était drôlement rafraîchissant pour nous. Et comme nous étions une bande de gourmands, les invitations étaient fréquentes, chez les uns et chez les autres. Lorsque que ça avait lieu chez nous, nos petits-enfants inventaient des menus pleins de fantaisie qu'ils déposaient sur les tables, et s'improvisaient maîtres d'hôtel et serveurs, toujours aux petits soins avec les convives.

Quelques années heureuses se sont écoulées, pendant lesquelles tu aimais te retrouver aussi bien à Paris qu'en Provence. Des années où tu étais en pleine possession de tes moyens, et pendant lesquelles tu as encore produit de beaux spectacles.

Et puis est arrivée la période de la vente du théâtre, donc, et ce que je crois être le début de la fin.

Après l'annonce du diagnostic, on a continué à aller régulièrement en Provence. Rien de ton mal n'était encore vraiment apparent. Le plaisir des rapports sociaux était toujours là.

Mais au fil des mois, tu as commencé à te sentir largué dans les conversations.

De retour de nos joyeux apéros avec les copains, tu me disais, « Je n'arrive pas à suivre, je ne comprends pas ». Je te répondais que c'était à cause du bon vin blanc dont on venait d'abuser un peu. Et le fait est qu'avec ton traitement, il n'était pas recommandé de boire de l'alcool. Mais franchement, je n'avais pas envie de te surveiller de trop près et de te priver du moindre petit plaisir.

Et puis, peu à peu, certains des copains, gênés, remarquant que tu n'étais plus tout à fait toi-même, s'adressaient moins à toi.

Et là, tu me disais « Pourquoi on ne me parle pas ? »

Le supplice commençait à peine.

Tout a commencé à se déglinguer.

Tu avais forcément moins d'allant, et me voyant active, toujours occupée à quelque chose, tu disais souvent « Je voudrais être utile ». Je me demandais alors si je n'étais pas en partie responsable de ton désœuvrement, si ce n'était pas moi qui, inconsciemment, craignant une maladresse de ta part, te laissais moins d'initiative en tout. Il y avait sûrement de ça. Je ne peux pas rattraper ces moments-là, aujourd'hui.

Les deux premières années après l'annonce de ta maladie, je t'ai laissé conduire, en serrant les dents, j'avoue.

Tu avais été un conducteur hors-pair, pendant nos équipées sur les routes, en France et ailleurs. Alors, quand tu te laissais distraire par une biche bondissant dans le bois sur ta gauche, ou un renard se faufilant derrière les buissons, sur ta droite, ou quand, en plein virage, tu levais la tête en me disant « Oh ! regarde cet aigle », je ne m'en inquiétais pas, puisque ça ne t'empêchait pas de garder le cap.

On n'en était plus là, hélas. J'ai commencé à te demander, à chaque trajet, de la gare à la maison, ou de la maison au village, si tu voulais que je prenne le volant. Tu me répondais « Non, ça va ».

Et un jour, c'est toi qui m'as dit, sans que je ne te demande rien : « Je préfère que tu conduises. »

*

Elle ne se débrouillait pas si mal.

Depuis qu'on leur avait fait l'annonce fatale, elle avait essayé d'avancer, jour après jour, « comme avant », pour amortir le choc.

Mais rien ne serait plus comme avant, c'était une évidence.

Elle le trouvait héroïque. Tantôt il se montrait inconscient de ce qui lui était tombé dessus, tantôt il disait « Mais qu'est-ce qu'il m'arrive ? » en se prenant la tête dans les mains. Elle savait bien ce qui lui arrivait. L'impensable. La mauvaise blague. La catastrophe. La fin de tout. En tout cas de tout ce qui avait fait leur vie, durant la trentaine d'années précédentes. Une vie si pleine, et si aventureuse, pour tous les deux. Deux destins aux antipodes qui avaient eu la chance de se croiser. Oui, quelle chance qu'il soit venu en France pour se marier une première fois ! Sans ça, elle ne l'aurait jamais rencontré, des années plus tard.

Tous deux étaient des gens d'ailleurs, la Hongrie pour lui, l'Algérie pour elle, et ces origines lointaines respectives avaient beaucoup compté dans leur relation. Ils avaient eu, tous deux, à se battre, à s'intégrer, à se dépasser, et avaient la même disposition à se réjouir facilement de la moindre victoire qu'ils pouvaient remporter, en toutes circonstances.

Que restait-il de tout ça, désormais ? L'affection, sans aucun doute, mais adieu la vie active, adieu la vie joyeuse, adieu la vie sociale. Un univers rétréci, tel était, maintenant, leur quotidien.

Il lisait encore ses journaux dans ses trois langues, mais pas tous les articles, loin de là. Et ceux qu'il parvenait à lire jusqu'au bout, il les oubliait aussitôt. Plus jamais, il ne lui disait « Tiens, Roger Cohen parle très bien du Moyen-Orient, je te garde l'article. » Il ne lui détaillait plus tel autre papier, parlant d'Obama, ou d'un fait de société dans un coin d'Amérique qu'il avait traversé, autrefois.

L'actualité culturelle, il ne l'évoquait plus depuis bien longtemps, mais ça, elle était sûre que c'était parce que c'était devenu trop douloureux pour lui.

Elle restait obsédée par l'idée qu'en perdant son théâtre, il avait perdu tous ses repères, et que ce traumatisme lui avait fait chavirer les neurones, malgré les tentatives de leur médecin de la raisonner, lui conseillant de ne pas chercher le pourquoi du comment, et l'encourageant simplement à supporter la situation. Que pouvait-il dire d'autre, ce bon docteur ? Il avouait qu'on ne savait pas grand-chose de cette maladie, que la recherche tâtonnait, et qu'on prescrivait l'unique traitement prétendument spécifique, tout en sachant qu'il serait reçu différemment d'un patient à l'autre. Chez certains, on constatait un vrai progrès, ou, au moins, une relative stabilisation du mal, et chez d'autres, aucun changement notable. Malheureusement, Stephan était dans ce dernier cas. Il sombrait doucement, de semaine en semaine, de jour en jour.

Elle était souvent tentée de stopper ce médicament dont personne n'était sûr de l'efficacité et qui lui alourdissait l'estomac, en plus. Mais elle craignait, en le faisant, d'accélérer le processus. Peut-être qu'après tout, cette molécule qu'il ingérait deux fois par jour freinait tout de même l'effacement de sa mémoire. Oui, peut-être que cette drogue retenait un peu la course folle de ce fameux hippocampe posté dans sa tête, à hauteur des oreilles, ce petit cheval déchaîné qui traînait derrière lui, sans ménagement, le chariot de ses souvenirs. Quelquefois, elle avait, au contraire, l'image, d'un petit cheval paresseux qui ne voulait plus avancer. Et le chariot s'en trouvait empêtré, enlisé, embourbé.

Tant d'années, d'évènements, de voyages, d'épreuves, de rencontres, de joies, de peines, de déceptions, de réussites, d'amour, tout ça avait été siphonné par un entonnoir monstrueux, sous ces beaux cheveux blancs.

Une vie de surprises et de courage évaporée, atomisée.

Oh, lui ne s'était jamais jugé courageux, se trouvant juste emporté par le grand vent de l'Histoire, changeant de pays, de langue, d'environnement, parce qu'il n'avait simplement pas eu le choix, mais en sachant s'adapter chaque fois, humblement.

Stephan a sept ans quand sa famille doit fuir la Hongrie, craignant autant les nazis que les Russes. La traversée à pied de la forêt de Bohême avec mère, sœur et tante, et aussi avec une chèvre dont le lait l'a nourri pendant leur périple, constitue pour Stephan sa première grande aventure. Une fois ce petit monde réfugié dans un coin de Bavière, c'est dans cet environnement inconnu qu'il doit faire sa scolarité. Alors, il fait ses kilomètres à pied sans rechigner, tous les jours, pour aller à l'école et en revenir, comme tous ses petits voisins campagnards, et tant pis si c'est sous la neige. Bientôt, sa mère les installe à Munich où, maintenant adolescent, il ne brille pas dans ses études secondaires. Il tente donc une école hôtelière dont il sort avec un diplôme. Lorsqu'il constate que rien ne lui sourit à Munich, il émigre au Canada. À dix-neuf ans, le voilà guichetier dans une banque de Montréal. Il juge qu'il ne gagne pas assez d'argent pour se payer les cours de théâtre dont il rêve dans une fameuse école de New York ? Qu'à cela ne tienne, s'il ne craint pas le froid, la banque lui propose un poste dans sa succursale du Grand Nord, où il sera payé le double. D'accord, va pour le Grand Nord ! À Schefferville, bled glacé et paumé s'il en est, qui n'existe que par sa mine de fer, Stephan voit défiler toute une humanité de pauvres gens venus de partout pour travailler dur et repartir, les poches pleines, dans leurs pays d'origine.

Il tient le tout premier guichet en entrant dans la banque, et c'est là que, trop intimidés pour avancer plus loin, les Indiens Montagnais viennent retirer leurs chèques sur lesquels ils dessinent un petit tipi, en guise de signature, au grand étonnement de Stephan.

Il s'aperçoit qu'il doit économiser davantage pour payer ses futurs cours de théâtre à New York ? Pas de problème, il se fait embaucher comme barman, le soir, dans le bistrot au-dessus de la banque, où on le charge aussi de séparer les poivrots bagarreurs.

Une autre mission qu'on lui avait encore confiée, quand il n'était ni à son guichet ni au bistrot du dessus, était d'aller, chaussé de raquettes, déposer la recette de la banque à la gare. Pour ce trajet, tout seul, dans la neige, chargé de cette mallette pleine d'argent, on lui imposait de porter un pistolet dans sa ceinture. Il était toujours inquiet qu'un coup de feu parte accidentellement !

Quand, enfin, ayant gagné assez d'argent pour s'inscrire au Stella Adler Studio of Acting, Stephan débarque à New York où il ne connaît personne, il déniche rapidement trois garçons de son âge qui cherchent un quatrième coloc, et le voilà logé, en échange de quoi il leur fera la tambouille.

Et il arrive enfin chez Stella Adler ! C'est un éblouissement. Il sait qu'il met le pied dans ce qui sera « son » monde. Passer des scènes, donner la réplique aux camarades, apprendre à décortiquer le sens d'un rôle, il passe là une année intense où il n'a pas assez d'yeux et d'oreilles pour absorber tout ce qu'il découvre. Cette expérience lui servira, par la suite, pour toute sa vie d'acteur et de metteur en scène.

Stephan parlera toujours de son séjour à New York avec enthousiasme. Il s'y était gavé de théâtre, de comédies musicales, de cinéma. Il avait aimé l'ambiance trépidante de cette ville, ses bars, sa musique, l'esprit d'ouverture du milieu artistique, milieu qui pratiquait déjà largement la « diversité », comme on dirait aujourd'hui. Il gardera toujours une certaine nostalgie de cette période. La nostalgie d'un moment de jeunesse pleinement vécu.

En cette année 1959, ses économies ont fondu, il doit trouver du travail. Il décroche un poste de régisseur au Crest

Theater de Toronto. Son premier job dans le vif du sujet! Une expérience inoubliable.

Des années plus tard, quand elle était allée avec lui visiter le Crest Theater, devenu cinéma, ils avaient retrouvé, ébahis, dans ce qui avait été les coulisses, la plaque de tôle que Stephan secouait pour imiter le bruit du tonnerre, pendant les représentations de *Macbeth*! Il y restait même son petit établi de régisseur derrière lequel il suivait les déplacements des acteurs par la fente d'un pendrillon, prêt à intervenir pour chaque « effet » de lumière ou de son jalonnant les spectacles.

Stephan avait énormément admiré cette troupe du Crest Theater, capable d'alterner avec beaucoup d'aisance les différentes pièces programmées pour la saison, comme une petite Comédie-Française, en somme.

Quelle émotion quand, au cours des années 1980, il reconnaîtra dans le film d'Ettore Scola, *Une journée particulière*, John Vernon (le « mari » de Sophia Loren) qui avait joué le rôle de Macbeth, au Crest! De même qu'à la télévision, il eut la surprise de revoir un autre membre de la troupe, Bernie Hamilton, qui jouait le fameux capitaine Dobey, dans la série *Starsky et Hutch*. Il avait eu un peu de mal à l'identifier, car Bernie avait pris quelques kilos depuis ses débuts théâtraux...

Un grand changement se présente à lui quand une troupe française l'engage comme régisseur, pour une longue tournée qui lui fera sillonner les États-Unis et plusieurs pays d'Europe au volant d'un « 1000 kg Renault ».

Il n'était pas peu fier d'avoir passé le permis l'autorisant à conduire ce petit camion.

Là aussi, quelle expérience! Il en a avalé, des kilomètres, derrière son volant, pendant cette tournée! Il en a traversé, des paysages, il en a rencontré, des gens, et il a conduit par tous les temps, pluie, neige, traversant même un ouragan, qui l'a rudement bousculé au milieu d'un pont, dans son camion chargé des décors et costumes de la troupe!

Et voilà qu'alors qu'il s'imaginait un avenir en Amérique – le souhait de sa mère, rétive à son retour dans la vieille Europe –, Stephan tombe amoureux d'une des actrices françaises de la troupe et se retrouve bientôt à Paris, pour l'épouser.

Les deux tourtereaux bouffent de la vache enragée pendant quelques années, font un enfant, et finiront pas se séparer.

Mais pour l'heure, le jeune père court les petits boulots. Par chance, il décroche le poste d'assistant auprès de Jean Vilar, au théâtre de l'Athénée-Théâtre Vivant. Il travaille notamment sur *Le dossier Oppenheimer*, pièce de Jean Vilar évoquant le fameux procès d'Oppenheimer, mettant en cause la loyauté du physicien envers les États-Unis. Jean Vilar montre à Stephan des sentiments quasi-paternels et le recommande au festival d'Arras pour l'un de ses premiers spectacles personnels. Après cette période passionnante, Stephan découvre par hasard une belle traduction d'une pièce qu'il avait adorée au Crest Theater, *Au bois lacté* de Dylan Thomas, dont il fera son premier succès parisien au Tripot, son premier lieu à lui.

Ce Tripot, situé près de la place Monge, était en fait un restaurant acquis grâce à la générosité de sa belle-mère de l'époque – une femme formidable – qui pensait que pour un jeune père de famille, gérer un lieu où on sert à manger assurerait un avenir plus sûr que de faire le saltimbanque. Mais très vite, Stephan découvre qu'il existe une belle cave voûtée au-dessous du restaurant, idéale pour y monter des spectacles... Chouette, il va pouvoir faire restaurateur ET saltimbanque ! Il met au point une formule repas + spectacle : goulasch en haut, théâtre en bas.

De cette période, il reste un beau souvenir signé Sempé. Le dessinateur était venu un soir, voir *Au bois lacté* et avait fait, pendant le spectacle, une illustration de la pièce, encre et aquarelle, légendée « Merci pour la bonne soirée », qu'il avait offerte à Stephan, en venant le saluer à la fin. Une petite merveille de tendresse et d'humour accrochée aujourd'hui encore dans l'entrée de leur appartement.

Porté par ce succès, Stephan prend confiance, commence à faire des mises en scène ici et là, abandonnant le Tripot pour d'autres horizons temporaires.

Dans ce métier, on doit indéfiniment faire ses preuves, et si un spectacle est un peu moins bien reçu que le précédent, il faut vite démontrer que ce n'était qu'un incident de parcours, et trouver la perle rare qui vous fera briller de nouveau. Il faut toujours courir après la bonne combinaison, la pièce qui vous plaît et plaira au public en même temps, on l'espère.

Stephan se fatigue du free-lance. Il éprouve donc un immense soulagement quand se présente l'opportunité de prendre la direction du théâtre La Bruyère, en 1982, pour une folle aventure de vingt-cinq ans.

Et tout ça s'est égaré dans les replis de sa matière grise ?

C'est à pleurer.

Pourtant elle ne pleure pas. Ou peu. Elle s'est blindée, bétonnée. Sinon, impossible de continuer.

On est marrrriés ?

Voilà ce qu'elle entendait vingt fois par semaine. Question posée par un Stephan consterné, avec son accent irrésistible, quand elle tentait pour la énième fois de lui expliquer leurs liens. À table, au cours d'une conversation qu'elle tentait de mener mais qui s'effilochait assez vite, il lui déclarait « Je suis bien content qu'on soit ensemble ». Ravie et profitant aussitôt de l'occasion pour essayer de le remettre sur ses rails, elle répondait « Et ça fait trente-sept ans que ça dure ! » Suivait un « Trrrente-sept ans ?! » éberlué, puis, à la fin de l'explication, l'immuable « On est marrrriés ? »

Elle ôtait alors son alliance et lui montrait la date de leur mariage gravée à l'intérieur, suivie de leurs deux prénoms. Lui n'avait jamais porté la sienne. Il avait bien essayé, mais au bout de quinze minutes, ça le gênait, disait-il.

Elle l'avait souvent taquiné, l'accusant de vouloir faire le joli-cœur auprès des actrices qu'il côtoyait en leur cachant qu'il était marié. Mais le fait est qu'il n'avait jamais supporté, non plus, de porter une montre au poignet. Alors, franchement, elle n'avait pas été choquée qu'il conserve sa main gauche de jeune homme. Aujourd'hui, on était loin de ces petites conventions. À présent, elle essayait juste de faire en sorte que leurs journées restent vivables.

Ce qui lui pesait le plus, c'était ce passé commun qui n'existait plus pour lui. Elle devait quelquefois se pincer pour se rappeler que, non, elle ne rêvait pas, ils avaient bien eu une vie foisonnante, riche en joies, succès et honneurs. C'était difficilement concevable de voir son bien-aimé patauger dans ce no man's land cotonneux.

Tout s'était évaporé. Tout son passé aventureux, son enfance de « personne déplacée », son départ d'une Europe ravagée par la guerre pour le « Nouveau Monde ». Sa rage de s'en sortir. Ses années difficiles, avec enfin, au bout, le succès. Et leurs trente-sept dernières années de vie commune, donc, avec leurs hauts et leur bas, comme tout le monde. Leurs vies d'artistes pleines d'embûches, de doutes, d'angoisses, mais aussi d'amour, de plaisirs, d'attachement indéfectible, de réussite partagée.

Trente-sept années englouties.

*

Je ne m'occupe pas toujours bien de Stephan. Je suis un ange de patience pendant des heures, et si un gros problème se pose juste avant que quelqu'un n'arrive ou au moment où je dois descendre faire des courses, je crie, je jette mon couffin par terre, je me tire presque les cheveux, une crise digne de Bab El Oued[3], où je suis née !

Quand j'ai lu *L'amie prodigieuse*, j'ai reconnu, dans le quartier de Naples où se situe l'histoire, une grande ressemblance avec le Bab El Oued de mon enfance. Si bien que, me sentant une sorte de fraternité avec les deux héroïnes du roman (oui, je sais que sororité est le vrai mot à employer, mais ce qu'il est moche !), je me trouve des excuses pour ces éclats de colère que j'inflige à Stephan. Me voilà, enrageant et écumant, telle la Lila du livre. N'empêche que je me déteste de me fâcher aussi inutilement et de crier contre ce malheureux, je me méprise. Mais que c'est dur de le voir s'abîmer comme ça, se conduire comme un enfant, avec ce regard perdu.

Ce qui me fait le plus honte, c'est qu'une demi-heure après ces éclats, lui a oublié que j'ai été désagréable, et pourquoi. Quand je dis une demi-heure, j'exagère. Dix minutes plus tard, tout s'est dilué. Et il ne comprend pas mon air sombre qui, lui, dure toute la soirée, pétrie que je suis de remords. Je broie du noir toute seule. Impossible de lui en vouloir, de lui faire un reproche, ça n'aurait aucun sens pour lui.

Dans n'importe quel couple, il arrive qu'on se chamaille puis, en discutant, on met les choses à plat, et on finit par se rabibocher. Mais là, il n'y a aucune prise, rien de raisonnable à quoi se raccrocher. Si je me fâche, j'ai tort, un point c'est tout, car je suis seule à pouvoir gérer la situation. Pas le choix.

De toute façon, seule, je le suis maintenant, en toutes circonstances.

Seule à apprécier un bouquin, un film, un article, à m'inquiéter ou me réjouir des nouvelles du monde. Seule à me

3. Quartier populaire d'Alger.

souvenir de tout ce qui a fait notre vie commune, des belles choses, et des moins belles. Impossible, désormais, de partager tout ça avec Stephan.

Seule avec mes bobos. S'il remarque que j'ai mal quelque part – c'est déjà un exploit qu'il le fasse – il me demande ce que j'ai, me dit une chose gentille, et puis... deux minutes plus tard, rebelote, il me le redemande, et ainsi de suite. À la troisième fois, il arrive qu'il me dise « Je te l'ai déjà demandé, non ? » Mais franchement, je ne peux pas me plaindre de l'attention qu'il est encore capable de me porter.

Le plus troublant, c'est d'être seule avec son passé à lui. Tout ce que je sais de sa vie d'avant moi, il l'a oublié. Quand je prononce des noms de membres de sa famille qu'il aimait beaucoup, ça ne lui évoque rien. Comme ses tantes, par exemple, surtout celle qu'on allait voir souvent à Genève, Sissy, et avec laquelle on passait de si joyeux moments. Stephan ne sait plus, non plus, qu'il a eu une sœur. C'est pour cette raison que j'avoue lui avoir caché son récent décès, car je craignais de provoquer, en faisant remonter le souvenir de son existence même, le chagrin de l'avoir perdue. Et ma mère, pour qui il avait beaucoup d'affection, est un personnage qui a glissé, avec les autres, dans l'éboulement de son cerveau.

Seule sa propre mère émerge quelquefois de ce chaos. Oui, parfois, il prononce le mot « maman », sans aucune logique, comme hier, quand, allongé sur son fauteuil, regardant devant lui, il a dit d'une voix faible « Maman sait tout, et moi, je ne sais rien ».

Quant aux vivants... Récemment, voyant son fils arriver vers lui, il lui a tendu la main en disant « Bonjour, Monsieur ». Son fils unique ! Et ses petits-fils... Quand ils viennent le voir, Stephan est très intrigué par la présence de ces deux jeunes garçons. Heureusement qu'ils ont de l'humour, tous les deux, car quand ils l'appellent « papy », ils comprennent que ce mot n'a aucune résonnance chez leur grand-père, mais ils continuent gentiment à lui faire un semblant de conversation.

Du passé de Stephan, il n'y a que le nom de l'endroit où il est né, Sárospatak, qui lui « sonne une cloche » – une de ses jolies expressions de jadis –, à tous les coups. Quand je prononce « Sárospatak », il s'éclaire et répète doucement « Sárospatak », comme Orson Welles murmurait « Rosebud », à la fin de *Citizen Kane*. Et puis, il me dit « Tu connais ça, toi ? ».

Oh oui, je connais, car dès le début de nos amours, tu m'as emmené voir ce château où tu es né. C'était, en quelque sorte, notre voyage de noces. Partis de Paris en 4L, nous avons d'abord rendu visite à des amis, en Italie du Sud, dans je ne sais plus quel village perdu. Puis nous avons traversé la mer Adriatique, et avons fait halte à Dubrovnik, ville magnifique, avec ses remparts imposants et ses rues aux dalles brillantes, usées par des siècles de pas. J'y ai eu la surprise de pouvoir me régaler d'« oublies », ces grandes gaufres roulées en cornet, qu'on mangeait aussi à Alger lorsque j'étais enfant !

Nous nous sommes promenés dans ce pays qui s'appelait encore la Yougoslavie. Dans les champs, on voyait travailler essentiellement des femmes aux joues roses et aux yeux clairs, leurs têtes ceintes de foulards aux couleurs vives. La campagne était lumineuse. Nous avons visité des villes paisibles. Nous avons, notamment, flâné dans Mostar, à l'atmosphère si particulière, avec ses balcons de bois, ses moucharabiehs. Pauvre ville martyre que nous avons revue à la télé et dans les journaux, des années plus tard, presque entièrement détruite, y compris son fameux vieux pont, explosé. Mais à cette heureuse époque, ce voyage avait été un pur délice, avec une mention très spéciale pour les quelques jours passés à Mljet.

Ah… qui connaît Mljet ?! Moi, j'avais eu la chance d'en entendre parler par une esthéticienne de mon quartier, à Paris. Elle était yougoslave, comme on le disait encore alors, et sachant que j'allais partir en voyage dans cette région, elle m'avait dit, tout en m'arrachant quelques petits poils disgracieux, qu'il y avait dans son pays un endroit où il n'y avait « rien », mais où, « si on s'aimait beaucoup », on serait bien.

Ce rien, en lui-même, faisait toute la beauté du lieu.

Imaginez une île dans une île.

De l'île de Korčula, qui est déjà un bijou, on prend un ferry jusqu'à celle de Mljet. Au milieu de Mljet, il y a un lac. Et au milieu du lac, il y a une autre petite île, où se tient, pour seule construction, un ancien monastère du XIIe siècle, transformé en hôtel spartiate. Les murs blancs et nus des chambres rappellent qu'elles furent, jadis, des cellules de moines. Elles donnent toutes sur la cour carrée intérieure, propre à tout cloître, plantée d'orangers... Et comme, pour paraphraser mon esthéticienne, « nous nous aimions beaucoup », nous n'avions eu besoin de rien d'autre. Baignades dans le lac, repas frugaux, repos dans la chambre blanche, nous avions trouvé le paradis terrestre.

Après ces quelques jours idylliques, nous avons remonté la côte, puis nous avons roulé en nous enfonçant dans la campagne, et à un moment on a vu apparaître des troupeaux d'oies sur les bords de la route, alors Stephan m'a dit, en les voyant, « ça y est, on est en Hongrie ! »

Nous ne sommes pas restés longtemps à Budapest, car notre but, c'était Sárospatak. Mais j'ai pu sentir l'atmosphère de la ville, et surtout entendre parler cette langue étrange qu'est le hongrois. D'ailleurs, nous avons ri en croisant deux hommes dont l'un disait à l'autre, en Français « On comprend rien ! C'est terrible de pas pouvoir dire bonjour ou merde à quelqu'un ! » Le plus drôle, c'est qu'ils étaient manifestement des « pays » à moi, car je reconnus leur accent arabe d'Algérie, toujours cher à mon cœur.

L'arrivée à Sárospatak !

À peine nos affaires déposées à l'hôtel, nous sommes allés directement au château, devenu musée, désormais.

D'emblée, grosse surprise pour Stephan : le grand terrain entourant le château, où il jouait avec sa sœur, quand ils étaient enfants, avait été creusé et rempli d'eau, retrouvant son aspect de douves d'autrefois.

En revanche, une fois l'ancien pont levis enjambé, il reconnut le sol en pavés de bois, sous le grand porche d'entrée.

Sur les photos d'enfance de Stephan, j'avais vu le château en noir et blanc. Aussi, quel éblouissement devant l'ocre ensoleillé de la bâtisse ! Stephan fut aussi épaté que moi, car le lieu qu'il avait habité pendant les sept premières années de sa vie était plus terne et assez délabré, sa mère, toute princesse qu'elle fût, n'ayant pas eu les moyens nécessaires pour entretenir cet énorme volume.

Dans la cour, on est frappé par l'énorme tour médiévale, sans doute vestige d'une forteresse, qui domine la partie habitable, de style Renaissance, elle, me risquerais-je à dire, mais je ne suis pas une spécialiste d'architecture...

Notre arrivée au château, enfin l'arrivée de Stephan, surtout, créa manifestement un branle-bas de combat parmi le personnel. Le directeur du musée, accouru pour l'accueillir, se montra à la fois très ému de recevoir « l'enfant de la maison », mais très fier aussi de lui montrer ce que son gouvernement avait fait de cet endroit, car une fois nationalisé, il avait été grandement toiletté !

Stephan avait eu beau me dire qu'il ne parlait plus le hongrois ni ne le comprenait, qu'il avait oublié cette langue depuis son départ du pays, il a su me traduire tout ce que disait le directeur. Cet homme fut assez délicat pour, en même temps, jouer son rôle de guide de prestige pour hôte prestigieux, et prendre régulièrement assez de champ, afin de laisser Stephan retrouver ses marques, tout au long de la visite, et me souffler « C'est là que nous dormions, ma sœur et moi », ou bien « Là, c'était la chambre de ma mère, dans laquelle je suis né... »

Je garde de cette visite un souvenir ébloui. Je nous revois traverser ces vastes pièces baignées de soleil, avec de somptueux poêles de faïence blanche se dressant, à intervalles réguliers, du sol au plafond. La chambre de sa maman me fit grande impression, toute ronde, installée qu'elle était dans une tour d'angle. J'ai imaginé cette femme dont j'ai toujours admiré les belles aquarelles accrochées chez nous, à Paris, installée devant son chevalet, à composer ses couleurs en rêvant d'ailleurs. Car elle rêvait d'ailleurs, cette femme, dans sa tour dominant la Bodrog[4]. Comment pouvait-il en être autrement pour une jeune veuve aimant la ville et les arts ?

Le directeur du musée nous donna rendez-vous le lendemain matin pour nous faire visiter les caves de Tokay attenantes au château.

Tout d'abord, il nous mena à un petit mémorial érigé au milieu d'une pelouse, en hommage au père de Stephan, décédé au début des années quarante, et, avec beaucoup de pudeur, nous y a laissé le temps de nous recueillir. Puis, il nous a conduits vers les fameuses caves de Tokay.

Après avoir enfilé des vestes en peau de mouton prêtées par notre guide, nous avons descendu un long escalier bordé de murs entièrement tapissés d'un champignon gris foncé, très doux au toucher (oh que c'était bizarre !).

Une fois en bas, nous avons été accueillis par deux hommes portant de larges tabliers et munis de grandes pipettes. Et jusqu'à onze heures du matin, le directeur a demandé à ces messieurs de nous faire goûter dans de petits verres, grâce à leurs pipettes, toute la gamme des Tokay entreposés dans ces caves, du plus sirupeux au plus sec. À chaque fois qu'ils s'adressaient à moi pour me servir, ils prononçaient une formule de politesse délicieuse que Stephan m'avait traduite par « Je vous baise les mains », et hop, un jet de pipette ! Ils m'ont beaucoup « baisé les mains », ce matin-là... Et même s'ils ne nous avaient versé qu'une dose de pipette par bouteille, nous ne savions plus, au bout d'un moment, à combien de bouteilles on avait goûté exactement. C'est dire comme on se sentait un brin pompette, en remontant à l'air libre !

Après, nous sommes allés nous baigner dans la Bodrog.

La « Bodrog » (littéralement « rivière de boue », selon la traduction de Stephan) coule sur un lit argileux, ce qui lui donne son aspect grisâtre. Mais ce qu'on a la peau douce, en sortant de l'eau ! Tout en barbotant, on pouvait voir le château

4. Nom de la rivière qui coule en contrebas du château.

au-dessus de nous, qui dominait toute la campagne alentour. Et c'est cette vue qu'on retrouve sur un joli tableau qui était dans notre chambre, chez Sissy, à Genève : un radeau y flotte sur la Bodrog, avec deux personnages debout, de dos, regardant le château au-dessus d'eux. J'adorais ce tableau.

Le lendemain de notre journée Tokay-Bodrog, Stephan voulait absolument rendre visite à quelqu'un qui avait beaucoup compté pour toute sa famille, Rogi, la femme qui avait été, en quelque sorte, l'intendante du château.

Après avoir facilement trouvé son adresse et frappé à sa porte, nous avons vécu un moment étonnant. Rogi nous a ouvert, et alors qu'elle n'avait pas vu Stephan depuis qu'il était tout petit, elle a dit tout de suite « Iti ! » Iti est le surnom de Stephan, dans sa famille. Elle n'était même pas étonnée, comme si elle n'avait jamais douté qu'elle le reverrait un jour, et c'était ce jour-là. Curieusement, cette femme m'a fait penser à ma grand-mère, avec ce même chignon bas sur la nuque et ces mêmes pommettes sculptées, mais avec trois têtes de plus. Rogi nous a fait entrer chez elle et ne nous pas laissé en repartir pendant vingt-quatre heures, nous permettant juste d'aller chercher nos affaires à l'hôtel pour nous installer dans sa propre chambre, et pas question de faire autrement. Elle nous a préparé ses meilleurs plats et a convoqué tous ses enfants et petits-enfants pour les partager avec nous. Attablés en invités d'honneur, nous avons été frappés en comprenant que lorsque Rogi parlait des « siens », elle désignait non pas ses propres enfants, présents autour d'elle, mais ceux de la famille du château sur qui elle avait veillé pendant deux générations. Et nous avons appris, ébahis, que depuis que « les siens » avaient quitté le château, le jour des Rameaux 1944, elle n'y avait plus jamais remis les pieds.

Eh bien, ce beau moment de notre vie commune, je suis seule à m'en souvenir, maintenant.

Oui, décidément, SEULE/SEUL est le mot qui définit le mieux l'état de la compagne ou du compagnon d'une personne atteinte de la maladie d'Alzheimer.

Stephan regarde autour de lui, perdu, ou bien il me sourit, confiant.

Pour un vieux couple comme le nôtre, tout a perdu son sens, puisque les conditions mêmes de notre rencontre se sont égarées dans le dédale de ses neurones. Et voilà que c'est en moi que le doute s'insinue quelquefois : nous sommes-nous bien connus cette année-là ? Est-ce bien à cette date qu'on a décidé de vivre ensemble ? Avons-nous bien fait ce voyage magnifique trois mois après ? Ton fils avait-il bien cet âge-là quand je suis arrivée dans votre vie ? Et l'année où nous avons pris le théâtre ? Celle où le succès sembla s'installer pour de bon ? Et puis le rythme de travail au cours des saisons ? On se prend à se demander « Est-ce que j'ai rêvé tout ça ? » Les moments heureux, les moins heureux, les chagrins inévitables, les bonnes surprises, les mauvaises, la joie de la naissance des petits-enfants, on a bien vécu tout ça, non ?

Ou bien étions-nous, depuis le début, ligotés dans un train aveugle fonçant tout droit vers ce néant débile ?

Toute notre vie commune est passée à la trappe.

Pour être sûre que toutes ces années ne furent pas qu'un songe, j'ai tapissé les murs de notre appartement de photos de tous les évènements que nous avons traversés ensemble : voyages, mariages – le nôtre et celui des enfants et des proches –, anniversaires, petits-enfants, neveux, petits-neveux à tous les âges, visites de famille et d'amis, toi jouant au foot avec des copains, toi prêt à grimper dans un arbre, toi avec des auteurs que tu aimais, Václav Havel, Alan Ayckbourn, Israel Horovitz, toi les soirs de premières au théâtre, toi recevant un Molière, toi et moi, toi et moi, toi et moi... Et bien sûr, les affiches de tous nos spectacles. Ainsi, plusieurs fois par jour, et le soir, avant de me coucher, je me gave les yeux de ces images, et je me répète, comme un mantra, « c'est notre vie, c'est notre vie, c'est notre vie... »

Dans cette existence débilitante qui est la nôtre désormais, il arrive, oui, il arrive encore que Stephan s'éclaire et me déclare, tout sourire, « La vie est belle ! » Ça me bouleverse plus que ça ne me fait plaisir, et j'ai envie de lui dire « Mais mon pauvre chéri, tu ne vois pas dans quel merdier on est ? » Et puis, en voyant son visage heureux et confiant, je comprends que sa bonne nature l'aide, même dans sa détresse, oui, qu'il garde, chevillée en lui, cette façon positive d'aborder la vie qu'il a toujours eue, si simple, si courageuse, et qu'il reste quelque chose de LUI dans cette tête. Je sais qu'IL EST LÀ.

En feuilletant mon journal que je tiens trop irrégulièrement, je vois qu'en 2015, je pouvais encore écrire :

Pour l'instant, il se sent toujours bien dans cette belle maison de vacances qu'il semble conscient d'avoir choisie. Et quand on rentre à Paris, il a l'air de se sentir également à l'abri dans notre appartement. Il ne sait plus trop depuis quand on habite ici ou là, mais il paraît heureux dans les deux endroits.

En revanche, les voyages deviennent difficiles, car il est rapidement désorienté par les changements de lieux. Les trajets en train ou en voiture lui sont pénibles, puisqu'il n'a plus de repère. Il ne reconnaît rien, ne comprend pas où on va, ni à l'aller ni au retour. Par chance, il ne s'énerve pas, il ne pique pas de crise de panique pendant que je suis au volant, ce qui fait que je peux quand même conduire sans danger de Javon à Avignon. Mais je suis soulagée quand on arrive à la gare.

Je me laisse peu à peu déborder par toutes les tâches qu'on partageait jadis et que j'accomplis seule désormais, des corvées les plus banales aux dossiers et paperasses où je ne mettais pas le nez avant, et qu'il me faut, à présent, passer au crible. Allez, c'est bien mon tour.

Il est si charmant, encore, si gentil. Un amour d'homme. Qui peut mettre ses slips à l'envers, ses bretelles de guingois, deux polos l'un sur l'autre…

Une des choses les plus tristes est de constater qu'il ne lit plus son *Herald Tribune*, ni rien d'autre d'ailleurs, lui, ce grand lecteur devant l'éternel. Il ne me découpe plus les aventures de Charlie Brown, à qui il ressemble encore plus, maintenant qu'il a cet air d'enfant perdu. Ces livres qui lui étaient si chers que je les lui avais achetés en double, pour qu'il puisse les retrouver aussi bien dans le Sud qu'à Paris, il n'y touche plus à présent. C'est fini. Ça et plein d'autres choses.

Ses goûts pour la nourriture et la boisson se sont altérés. Par exemple, il a toujours assez de plaisir à boire de l'alcool, mais ne fait plus vraiment la différence entre un whisky et un verre de vin, trouvant même, un peu saisi, après la première gorgée de l'un ou de l'autre, que « c'est forrrt ». Il aimait les steaks tartares, mais quand il voit la viande crue devant lui, il ne comprend plus ce que c'est (et je n'insiste pas, moi qui déteste ça). Les fruits de mer lui semblent mystérieux, les crustacés sont de drôles de bestioles qu'il n'ose même pas toucher. Les cornichons à la Malossol qu'il m'a fait connaître et que je dévore maintenant comme des bonbons, il en recracherait presque le morceau qu'il a commencé. Seul, le sucré reste, pour lui, une valeur sûre. Alors, pas question de lui refuser chocolats, glaces, ni mes confitures maison.

À 78 ans, entendant à la télé que tel acteur qu'il reconnaît vaguement vient d'avoir 61 ans, il s'étonne et se réjouit d'être plus jeune que lui ! Car les chiffres lui ont échappé en premier, avant les noms. Finis les comptes, qu'il faisait à mi-voix en allemand, les dossiers qu'il rangeait chronologiquement. Et… finies les dates d'anniversaires. Depuis trois ans, c'est moi qui lui annonce, une bouteille de champagne à la main : « C'est mon anniversaire ! On va fêter ça ! » Et je me choisis toute seule un cadeau qu'il m'aurait sans doute offert s'il avait eu conscience de la date. C'est si triste de s'offrir un cadeau à soi-même. Mais il m'en a tant fait, de beaux cadeaux, pendant des années, que je me dis que j'ai eu, au moins, cette chance. Le sien, d'anniversaire, je peux mieux l'y préparer, et je lui organise une jolie fête avec les enfants. Il se réjouit toujours de nos surprises.

Depuis les quelques semaines qu'on est ici, à la campagne, il a l'air heureux. Quelquefois même, je me dis qu'il sourit trop, qu'il fait un peu « ravi de la crèche ». Mais au moins, quand il est comme ça, il ne souffre pas. Rien n'est pire que de le voir prendre sa tête à deux mains en murmurant « Mais qu'est-ce qu'il m'arrive ? » Car de plus en plus souvent, il réalise qu'il ne parvient pas à se concentrer sur des choses très simples, et ça le torture. Il y a aussi ses « Mais avant, j'avais une mémoire en fer forgé ! » Le voir se rendre compte qu'il y a quelque chose qui ne fonctionne plus dans son cerveau est très dur à supporter.

Quand nous rentrons d'un dîner chez des amis, par nos routes de montagne, dans la nuit noire, Stephan adore voir scintiller, en contrebas, les lumières du joli village de Monieux.

Dans le cerveau de Stephan, les lumières s'éteignent une à une.

Tenir. Ne pas céder à la déprime. Retrouver le sommeil.

De retour à Paris, il faudra qu'on sorte davantage, et ne pas se frapper qu'il ne reconnaisse pas les personnes qui viennent le saluer.

Vers 2016, tu as sombré dans une mélancolie somnolente. Tu t'es mis à me demander souvent « Mais qu'est-ce que je vais faire maintenant ? Quel projet il y a devant moi ? » Tes nouvelles difficultés à t'exprimer ajoutent du charme à ta façon de parler.

Je t'explique que maintenant, tu es à la retraite, bien que moi, je sache que ça n'a aucun sens pour les gens de notre métier, car nous pouvons jouer à n'importe quel âge, et espérons tous travailler « jusqu'au bout », voire mourir sur scène. Mais bien sûr, je te dis que tu as bien mérité de te reposer, après une vie de labeur. J'essaye de te rappeler ta belle carrière, les satisfactions que t'ont apportées tes années La Bruyère, la reconnaissance et l'admiration du public et du métier, tes Molières, etc. Je te rappelle les moments extraordinaires que nous avons vécus, comme lorsque Václav Havel avait préféré le théâtre La Bruyère au ministère de la Culture pour sa visite d'État, le 20 mars 1990. Jack Lang s'était montré fair-play et était venu l'accueillir à tes côtés. Tu avais prévu une mise en scène surprise pour l'occasion. Tu avais réuni tous les acteurs et metteurs en scène qui avaient joué ou monté les pièces de Václav Havel, pendant toutes les années où il avait été privé de sa liberté, et tu les avais rassemblés sur scène, rideau fermé. Puis, tu l'avais fait entrer, lui, dans la salle totalement déserte, à son grand étonnement. Tu l'as fait asseoir dans un fauteuil, à côté de toi, et… à ton signal, le rideau s'est ouvert sur cette foule d'acteurs et de metteurs en scène, debout sur scène pour l'applaudir, Patrice Chéreau, Ariane Mnouchkine, Pierre Arditi, Bernard Murat, Catherine Rich, Daniel Gélin… Havel en avait été bouleversé. Et toujours à propos de Havel, j'essaie de te remettre en mémoire le jour où, invités à son investiture, nous nous sommes trouvés dans le même avion qu'Yves Montand. À notre arrivée à l'aéroport de Prague, Montand, te reconnaissant pour t'avoir croisé dans une réunion de soutien à Havel, te salue, charmant, et te dit « Tiens, tu me prends ça, j'avance un peu ». Et tu t'étais retrouvé portant les valises de Montand, sans comprendre comment tu t'étais fait entourlouper ! Mais je ne sens aucun écho chez toi, tu n'y crois pas, ça n'a pas existé. Tu as tellement de mal à concevoir comment le temps s'est écoulé jusqu'à ce moment où tu es, aujourd'hui, là, fixé à ton fauteuil.

D'ailleurs, tu as perdu définitivement toute notion d'âge. Récemment, comme je venais de t'expliquer encore une fois que nous étions mariés, et après ton habituel « On est marrriés ? », tu as éclaté de rire et tu m'as dit que tu étais trop petit pour être marié. Alors, je t'ai demandé quel âge tu avais. Tu m'as répondu « 8 ans ». C'est avec ta voix d'aujourd'hui et sans mimique enfantine que tu me l'as affirmé. Ces jours-là, je me demande quel rôle tu me donnes dans cet espace-temps.

La semaine dernière, après une journée particulièrement difficile, ne sachant plus ce que je pouvais bien représenter pour toi, je t'ai demandé qui j'étais. Avec une légère hésitation, tu m'as dit « Ben… la directrice d'ici », en faisant un petit geste vague pour désigner l'appartement.

À la fin de l'été 2016, j'ai décidé qu'on n'irait plus dans notre maison de Provence.

Les trajets train-voiture étaient devenus trop pénibles, Stephan ne comprenant plus du tout où on allait, et moi le lui expliquant tout en essayant de rester concentrée sur la route. Ces voyages devenaient une corvée sans récompense au bout.

Car il n'était plus heureux de rien là-bas. Les rares fois où on arrivait à le décider à se baigner dans la piscine, il semblait n'en éprouver aucune joie. Il ne mettait plus les pieds sur la fameuse terrasse devant son bureau, où il aimait tant s'installer avec un verre de vin blanc, guettant le bond d'un chevreuil dans la forêt. Il ne profitait plus du jardin, ni de la beauté alentour. Il ne suivait plus le vol d'une buse miaulant haut dans le ciel. Il n'admirait plus les roses, ni le chèvrefeuille. Il ne sentait plus les effluves safranés flottant depuis la forêt. Les mésanges prêtes à nourrir leurs petits s'immobilisant dans un arbre dès qu'elles nous voyaient, se croyant tout à coup invisibles, ne le faisaient plus rire, ni le lièvre insolent posté devant le portail. C'était comme s'il avait eu, autour de lui, un paysage plat, en carton-pâte, ne comportant aucun signe de vie.

Sans compter que tout ce qui nous avait paru avoir un charme unique, dans la maison, était devenu danger quotidien.

Ah cet escalier de grenier qu'on avait gardé dans son jus, avec ses marches irrégulières, si joli ! Mais l'emprunter pour accéder à notre chambre, et en descendre, quel risque permanent pour Stephan ! Ce linteau qu'on avait conservé tel qu'il était au temps où de braves paysans logeaient dans ces lieux – ce qu'ils étaient petits, ces gens –, dans quel beau bois il était taillé ! Oui, mais si bas qu'il s'y cognait le front à tous les coups. Et toutes ces portes, où conduisaient-elles, déjà ?

Depuis que Stephan était malade, tous ces vestiges du passé, pourtant harmonieusement intégrés à la réfection de la maison, avaient perdu leur saveur. N'en restaient plus que leurs désagréments.

Vous qui envisagez d'acquérir une maison ancienne, en pleine campagne, soyez assez malin pour en préserver le cachet tout en en évitant les pièges.

Cet été-là, Stephan l'avait passé essentiellement à l'intérieur de la maison, à dormir dans un fauteuil.

Alors, autant qu'il dorme dans un fauteuil à Paris. La vie quotidienne y serait plus facile. Notamment pour moi. Et je pourrais mieux y affronter les urgences à venir.

2017

J'ai fini par suivre les conseils de la neurologue, j'ai inscrit Stephan dans un centre d'accueil de jour. Il y va trois fois par semaine. Ça ressemble un peu à une colonie de vacances pour vieux, mais l'endroit n'est pas déprimant et tout le monde est gentil. Stephan est nettement le plus beau des « pensionnaires », et d'ailleurs, ces dames sont aux petits soins pour lui. On m'a demandé d'acheter un cahier où seront notés chaque jour le menu du déjeuner et les activités proposées, lesquelles sont censées être stimulantes et ludiques à la fois. Je pourrai ainsi prendre connaissance du déroulement de ses journées.

Il rentre de là fatigué, mais relativement content.

Février 2017, 80 ans !

Je me suis dit que malgré la situation, il fallait fêter le plus joyeusement possible ce gros anniversaire. J'ai appelé la famille et tous les vieux amis de Paris et de province, y compris ceux dont on avait aucune nouvelle depuis dix ans, pour les convier à une super fiesta en l'honneur des 80 ans de Stephan. Traiteur, appartement presque transformé en restaurant, gâteau-feu d'artifice, c'était très réussi. Franchement, Stephan ne comprenait pas pourquoi cette foule chaleureuse l'entourait. Il était comme au spectacle, regardant cette assemblée animée, sans paraître très concerné, mais il avait l'air content. Chacun était venu l'embrasser et lui dire des douceurs. C'était touchant aussi de voir comme tous ces gens étaient heureux de se retrouver. Grâce à leur généreuse participation, Stephan a eu droit à un très beau cadeau, un magnifique fauteuil-relax en cuir rouge. Il lui sera bien utile, pour cette vie sédentaire qui l'attend à présent.

La vie à Paris, sans plus aller en Provence, est peut-être moins compliquée, mais pas moins triste. J'ai d'ailleurs mis la maison en vente, nouveau crève-cœur. Il l'avait tellement voulue, cette maison.

Ses nuits sont agitées. Il arrive qu'il se redresse en disant « Ils vont arriver ». Je lui explique qu'on n'attend personne. Il insiste, comme s'il allait être en retard à un rendez-vous « Mais si, ils... » J'essaie de le raisonner. Alors, il se prend la tête à deux mains et il dit « Je suis complètement gaga ! »

Quelle souffrance ça doit être.

J'ai commencé à mettre sur pied des aides de l'extérieur. Notamment des infirmiers pour aider Stephan à sa toilette, les matins où il ne va pas au centre d'accueil. Je ne suis pas fière de livrer ainsi son intimité à des mains étrangères, mais c'est la seule solution pour qu'il reste propre et digne, lui qui était si soigné. Car les jours où je l'aide, moi, à se laver, avant le centre d'accueil, je n'arrive à obtenir qu'une toilette de chat. Ce n'est pas assez pour ce grand chat-là.

22 août 2018

Cette nuit, Stephan a rêvé en anglais : « From time to time, I have to go back. » Où devait-il retourner, mon pauvre amour ? Où donc son cerveau confus voulait-il le renvoyer ?

C'est plutôt en Français qu'il rêve, d'habitude. Et ça semble toujours avoir un rapport avec le théâtre, le travail, car il parle de rendez-vous, d'organisation…

Régulièrement, en pleine nuit, il se redresse, s'assoit au bord du lit, et dit très clairement « Il faut que j'y aille ! » Je lui demande où il doit aller, il continue : « Ils m'attendent… » J'ai le plus grand mal à le convaincre qu'il a rêvé et à le recoucher. Il lui arrive aussi de rêver en allemand, mais plus rarement.

Ces derniers temps, je ne me suis pas assez bien occupée de lui, abattue que j'étais par des problèmes dentaires. Pourtant, je le trouve héroïque. Je sais qu'il se bat. Il tient à peine debout, mais il reste généralement charmant. Je me prends à guetter les dysfonctionnements notables qui ont commencé.

Les beaux jours sont définitivement derrière nous.

Fin septembre 2018

Pour bien s'occuper de son compagnon malade, il faut tenir une forme olympique, car ça demande beaucoup d'énergie.

Quand j'ai un problème de santé moi-même, je suis moins

patiente avec Stephan, et je me déteste pour ça. Il est si vulnérable, maintenant, si perdu. Je dois le protéger, le tranquilliser, mais il m'arrive de le brusquer, de l'engueuler, même. C'est nul, je le sais, mais si j'ai mal quelque part, je perds pied, c'est trop.

Alors, je suis rassurée, quand, ayant oublié ma dureté d'une heure avant, il me caresse la main et me dit « Je suis content que tu sois là. » Mais qui est ce tu, pour lui ? La « directrice d'ici » ? Sa femme depuis 38 ans ? Je me fais un jeu de le lui rappeler régulièrement pour voir son air éberlué, lui qui se trouve trop petit pour être marié...

Quelle trogne je me prends ces temps-ci ! Les traits qui tombent, une gueule de déterrée, grise et austère. Un visage tragique.

La vieillesse frappe à ma porte. Elle me harcèle, mauvaise : « Je suis là, je suis là ! » Et moi, je lui dis « Merde, merde ! Je t'emmerde ! Je sais trop bien que tu es là. Ça ne m'empêchera pas d'enfiler mes gants de boxe tous les matins, comme toujours. Pas pour te battre, ça, c'est perdu d'avance. Mais pour te tenir en respect. » En respect. Ça, ça peut se faire. Je vais essayer.

Stephan baisse, baisse. Mon pauvre amour, où es-tu dans ces décombres ?

6 octobre 2018

Je te regarde dormir. Tu as, depuis quelque temps, dans ton sommeil, la moue qu'on peut te voir sur tes photos d'enfant. Il faut dire que tu es de ces personnes qui continuent à « se » ressembler, de l'enfance à l'âge adulte, jusque dans la vieillesse. C'est étonnant, on regarde une photo de toi, tout petit, et hop, c'est toi aujourd'hui, sans aucun doute, avec tous les signes de la vieillesse, certes, mais ton nez est pareil, petit et rond, tu as toujours tes lèvres pleines et colorées, tes beaux cheveux ont blanchi, certes, mais ont à peine perdu de leur épaisseur. Tu es très reconnaissable. En revanche, cette moue enfantine, dans ton sommeil de quatre-vingt-un ans, tu ne l'avais pas dans tes années d'homme mûr. Elle te revient dans la vieillesse, toi qui te crois petit, maintenant. Au fond, cette moue retrouve sa place sur ton visage de vieil enfant.

7 novembre 2018

C'est comme un plongeon au ralenti.

On s'est élancé doucement, en planant, d'un sommet vertigineux vers un gouffre dont on ne distingue pas le fond. C'est Stephan qui a entamé le plongeon, il tombe, il tombe, et moi à sa suite.

Ça devient de plus en plus difficile.

Stephan supporte de moins en moins bien toilette et habillage.

Aujourd'hui, il ne m'a pas reconnue du tout. Il y a longtemps qu'il ne sait plus trop qui je suis, et que je n'arrive à lui faire prononcer mon nom que si je lui en souffle le début. Mais ce soir, son regard est méfiant.

Quand Thomas a téléphoné, tout à l'heure, et qu'il lui a annoncé qu'il viendrait nous voir dimanche, Stephan lui a dit « J'espère que je serai encore dans le coin, parce que... » et il m'a jeté un regard craintif. Je me sens comme une garde-chiourme.

Je perds un peu de mon courage.

Je connais ma chance de vivre dans ce bel appartement. Car dans le deux-pièces d'Alger, où je suis née et ai vécu jusqu'à mon adolescence, je n'aurais jamais imaginé qu'un jour, j'habiterais dans un tel endroit.

J'essaye régulièrement de visualiser cet appartement d'Alger, où nous vivions ma mère, mes deux grandes sœurs et moi, pour ne rien en oublier. Au deuxième étage de l'immeuble situé dans une petite rue en pente, la porte d'entrée donnait sur un long couloir, qui ne devait pas être si long que ça, en réalité. Les toilettes, à droite, et juste après, la cuisine. Au bout du couloir, devant un pan de mur qui habillait la cloison entre les deux pièces, on rêvait d'installer – ô luxe – un téléphone, posé sur une sellette. On le voyait presque briller de sa bakélite noire, mystérieux comme dans les thrillers américains, ou peut-être blanc comme on en avait repéré aussi dans un film où Barbara Stanwyck (ma mère disait Barbara Sandwich) le décrochait élégamment. On se voyait y répondre d'un « allô ? » très chic.

Mais on n'a jamais eu de téléphone, il est resté dans notre imaginaire le symbole même du mythe hollywoodien.

À droite de ce pan de mur, se trouvait l'unique chambre à coucher, avec un grand lit pour ma mère et moi, et un plus petit pour l'une de mes sœurs. Et à gauche, la salle à manger, la plus grande pièce, dans mon souvenir. C'est là que dormait mon autre sœur, sur un fauteuil convertible qu'on dépliait le soir. Cette sœur-là était une grande lectrice, et elle s'endormait toujours le nez dans son bouquin, laissant la lumière allumée. Ma mère se relevait toutes les nuits pour aller éteindre sa petite lampe. C'était un rituel qui ne la dérangeait nullement.

C'est sur le balcon de cette salle à manger que j'ai passé tant de jours d'été, sur une chaise-longue, à dévorer les *Cinémonde* et *Ciné-revue* de ma mère. Car on était folles de cinéma, dans cette famille. En Algérie, tout le monde adorait le cinéma. Les salles étaient toujours pleines, tous les dimanches. Quelle fête c'était, d'aller au Marignan, ou aux Variétés, ou au Majestic, l'immense Majestic, avec son toit ouvrant sur les étoiles ! Ce n'était pas cher, et on en avait pour notre argent, devant les « actualités », puis un moyen métrage comique, et enfin le grand film. Sans compter que pendant le long entracte, on pouvait manger des bonbons, des cacahuètes, des esquimaux et... faire des claquettes. Enfin, moi, je faisais des claquettes ! Ma mère, me trouvant gracieuse, mignonne, adorable, charmante, intelligente, unique, brillante, douée, danseuse-née, m'encourageait à m'élancer sur le vaste espace lisse devant nos sièges. Et je m'exécutais ! Je sautillais, glissais, virevoltais, imitant les géniales danseuses que j'admirais dans les comédies musicales, comme Debbie Reynolds, Mitzy Gaynor, Cyd Charisse... Je devais être bien ridicule, mais ma mère était ravie. En tout cas, j'aimais vraiment danser, ce qui s'est confirmé pendant toutes les années qui ont suivi.

En rentrant du cinéma, ma mère s'attaquait à la lessive qu'elle faisait dans un énorme baquet posé sur un tabouret, dans la cuisine. Pendant que la lessiveuse bouillonnait sur le feu, ma grand-mère, assise sur un petit banc, dans le couloir, en face de la cuisine, tenait compagnie à sa fille en jacassant en arabe. Il arrivait que ma mère se lasse de ces jacasseries qui tenaient souvent du commérage, et lui demande rudement de se taire ou de changer de sujet.

Elle avait la langue bien pendue, ma grand-mère, mais quel personnage ! Et sans elle, comment aurions-nous fait ? C'est elle qui venait me chercher à l'école, et qui me gardait avec elle pendant que ma mère était au travail, et mes grandes sœurs, au lycée, pour l'une, au travail aussi, déjà, pour l'autre. J'en ai passé, du temps, chez ma grand-mère ! Une pièce unique en rez-de-chaussée, donnant sur une ruelle.

C'est ma grand-mère qui m'a appris la patience. Car à force de l'entendre me dire « Ma fille, toi que t'i es patiente, trie-moi les lentilles », ou « Ma fille, toi que t'i es patiente, enfile-moi l'aiguille », je me suis persuadée de l'être, patiente. Et du coup, je le suis devenue vraiment, quelquefois trop, sans doute. J'ai aimé toutes ces heures passées chez ma grand-mère. En dehors des menus travaux – lentilles, enfilage d'aiguilles, au pire équeutage de haricots verts – qu'elle me confiait, je n'avais rien d'autre à faire que rêvasser. Alors, mon passe-temps favori était de me cacher sous la table et d'imiter toutes les voix que j'avais entendues à la radio, de femmes et d'hommes confondues. Je ne disais pas de paroles, mais j'émettais des sons qui y ressemblaient, en variant tessitures et tonalités. J'ai appris bien plus tard que ça s'appelait du grommelot, utilisé génialement par Dario Fo, qui pouvait raconter toute une histoire hilarante sans jamais prononcer un véritable mot. Dans ces années-là, on était loin des consoles de jeux, tablettes, et autres occupations électroniques offertes aux enfants d'aujourd'hui. Pourtant, chez ma grand-mère, je ne me suis jamais ennuyée.

Étant d'une nature simple, beaucoup de petites choses peuvent me consoler, comme voir les mésanges se régaler des petites graines dont j'ai rempli une mangeoire, sur la terrasse, ou bien assister à la vie de l'immeuble d'en face où, curieusement, personne n'a de rideaux aux fenêtres. Au deuxième étage de cet immeuble, un sosie de Steve Carell élève une ribambelle d'enfants adorables qui me font des petits signes derrière la vitre. Déjeuner de temps en temps avec une voisine-amie me fait du bien, même si je crains toujours que ce ne soit une B.A. pour elle qui sait le peu de distractions qu'il me reste depuis que Stephan est malade. Bien sûr, elle m'affirme que ce n'est pas le cas et nous passons de bons moments ensemble. C'est une personne sur qui je sais pouvoir compter, elle que j'ai appelée au secours un matin, à l'aube, pour qu'elle vienne avec son mari m'aider à relever Stephan, une fois de plus tombé du lit. Que quelqu'un, dans la rue, me demande son chemin me console, pour la confiance qu'il me fait. Réussir un gâteau au chocolat me console, car je sais que les enfants vont se régaler. Faire des confitures me console, et écrire leurs noms sur des étiquettes d'écolier me console. Oui, ces toutes petites choses. Même dans les périodes les plus sombres de ma vie (la dèche et la solitude dans ma jeunesse, par exemple), j'ai trouvé de la consolation dans des petits riens, et ça m'a sauvée bien des fois.

Surtout, je suis toujours restée consciente d'avoir eu tellement plus de chance que mes sœurs qui, dans leur enfance, ont connu bien des épreuves, avec mes parents, à commencer par les humiliations du gouvernement de Vichy. Car si, en Algérie, les juifs n'ont pas été déportés, ils ont tout de même été déchus de leurs droits civiques, avec tout ce que cela comporte. Ma mère et mon père furent renvoyés de leur travail, ma plus grande sœur de l'école, et l'autre ne fut même pas admise à la maternelle. Et malgré le débarquement allié en 1942, on ne rendit aux juifs leur nationalité française qu'en 1943. Comment peut-on se remettre de ça ? Moi, j'ai échappé à cette infamie. Je suis née dans un monde plein d'espoir. Un espoir que j'ai toujours gardé chevillé au corps, contre vents et marées, même si, de l'extérieur, ça pouvait surprendre, quelquefois. À un certain moment des années 1970, sans travail, tout juste plaquée par un amoureux, pouvant à peine payer mes factures d'électricité et de téléphone, désespérant ma mère par ma marginalité, je me disais qu'il allait bien m'arriver quelque chose pour me sortir de là. Le déclic s'est fait grâce à ma rencontre avec l'équipe du Café de la Gare. Après une année à y jouer un spectacle joyeux, je me suis mise à écrire. Et ça a été le début d'une nouvelle vie, plus intéressante, plus enrichissante, pas tout de suite en monnaie sonnante et trébuchante, mais résolument plus gaie. Un nouveau chemin s'était ouvert à moi, qui m'a finalement menée à Stephan.

Grâce à cet espoir qui m'a toujours soutenue, je souris souvent. Certains copains se sont quelquefois montrés agacés par mon sourire facile. Il y en a même un qui, un jour, m'a regardé, l'air navré, et m'a dit « Alors toi, tu souris tout le temps ? » Il faut dire que lui, il fait toujours la gueule. D'ailleurs, comme acteur, c'est devenu son label. Oh ! paix à son âme, il vient de mourir. Et respect. Finalement, ce sourire qui l'agaçait, il doit me donner, à moi aussi, un air de « ravi de la crèche », comme je disais de Stephan. On s'est bien trouvés, tiens !

D'accord, je suis un peu nunuche, mais c'est vrai que la beauté et la bonté me sont souvent apparues dans des situations inattendues, et ça m'a requinquée, chaque fois. Nous avions ça aussi en commun avec Stephan. Il repérait la beauté là où d'autres ne la soupçonnaient même pas, et il avait une clairvoyance qui lui rendait limpides des situations quelquefois embrouillées.

Il affrontait les problèmes, au théâtre, comme dans la vie courante, avec discernement, cherchant des solutions calmement, sans douter de pouvoir les régler. Alors, quand il m'entendait pester contre moi-même – je le fais tout le temps – parce que j'estimais avoir loupé ou mal fait quelque chose, il me disait en souriant « Ça arrrive ! » Et le souci que je trouvais insurmontable, une minute avant, perdait aussitôt de sa gravité.

Je suis sûre que sa bonne nature aide encore Stephan, aujourd'hui, au fond de sa détresse, et son humour aussi, qui surnage, malgré tout. Et pourquoi pas sa grande capacité d'adaptation ? Ce serait un comble ! S'adapter à cette saloperie d'Alzheimer !

Quand je l'ai accompagné au lit, tout à l'heure, j'ai trouvé qu'il avait son vrai regard de Stephan.

Mais je suis lessivée.

5 décembre 2018

On me dit « C'est courageux de le garder à la maison. » Le garder à la maison ! Mais Stephan n'est pas une chaise ! Il est chez lui dans cet appartement. Il l'a acheté au temps où il travaillait d'arrache-pied, au temps où il jouissait de toutes ses facultés, au temps où tout le monde recherchait sa compagnie. Lui ne sait plus qui il est, mais moi je le sais. Je l'admire toujours pour ce qu'il a été. Pour moi, il est toujours cet être rare que j'aime tant. Et quand, tout à coup, lui revient un vers de Shakespeare, ou un début de chanson, ou une bribe de ses anciennes petites blagues, JE SAIS QU'IL EST LÀ.

Demain, c'est mon anniversaire.

Thomas viendra déjeuner avec moi. Je ne me sentirai pas complètement abandonnée.

STAND BY ME

Un miracle, une lumière dans notre vie.

Devant la télé, en entendant « Stand by me » chanté au mariage du Prince Harry avec sa Megan, Stephan m'a dit qu'il n'avait jamais eu l'occasion de me le dire – il ne sait plus qu'on vit ensemble depuis trente-huit ans – mais que je pouvais compter sur lui. « Stand by me », m'a-t-il répété. Comme il paraissait heureux de me dire ça ! Oh merci, merci pour ce moment-là.

Plus tard, seule devant la télé, dans un best of de 2018, j'ai vu une interview de Kylian Mbappé que j'adore. Eh oui, j'aime un footballeur ! Je ne connais pas grand-chose au football, mais chaque fois que j'ai vu ce garçon s'exprimer, je l'ai trouvé si intelligent et si charmant.

Et plus tard encore, toujours à la télé, cette merveille : dans un vieux pub de Liverpool, sur une petite estrade vermoulue, un vieux rideau miteux s'ouvre et... Paul McCartney entame un concert-surprise devant des consommateurs médusés.

Oui, c'était une belle soirée.

Dimanche 6 janvier 2019

Quand j'ai ouvert *L'année de la pensée magique* de Joan Didion, je ne savais pas quel en était le sujet. J'ai vite compris que c'était un livre sur le deuil. Pourtant, il m'a fait du bien. Enfin, disons qu'il m'a aidée. Car c'est bien une sorte de deuil que je vis, le deuil de notre vraie vie, notre vie d'avant que Stephan oublie tout, le deuil de tout ce que nous avons accompli ensemble, le deuil de ma vie active, de ma vie d'actrice, le deuil du temps où l'on compte pour les autres, le deuil des années qui font qu'on se sent vivant.

Ce livre en parle si bien qu'il ne m'a pas désespérée, mais éclairée.

8 janvier 2019

Ce Houellebecq m'intrigue.

Plus une seule dent – la faute à la drogue, paraît-il – mais très soigné, côté peau et cheveux. Lesquels cheveux semblent teints et brushés – en tout cas le peu qui lui restent – et pour sa peau, légèrement brillante et lisse, il doit utiliser crème de jour, crème de nuit, gommage, et tout et tout.

Curieux personnage que je ne déteste pas. J'avais été très touchée par *La Carte et le Territoire*. Et l'interview de sa mère, il y a quelques années, en dernière page de *Libé*, m'avait fait m'intéresser à lui. Cette femme au physique de sorcière déversait son fiel sur « ce fils qu'elle aurait préféré ne pas avoir vu naître ». Comment peut-on survivre à ça, comment arriver à mettre un pied l'un devant l'autre quand on a grandi sans amour ?

Et les larmes qu'il n'avait pas pu contenir, sur un plateau de télévision, en parlant de son ami Bernard Maris, après la tuerie de Charlie Hebdo, en 2015, me l'avaient rendu encore plus touchant.

La carte météo du JT de 20 heures annonce plein soleil dans le Sud ! Le Sud où notre belle maison se languit de nous. Le Sud où nous n'irons plus jamais, plus jamais ensemble.

15 janvier 2019, déjà !

Hier, à table, Stephan m'a pris la main, et m'a dit, en la caressant, « La vie est bien, avec toi ».

25 janvier

Hier, des témoignages simples et touchants et de beaux choix musicaux pour accompagner « le départ » de notre ami Jean au Père Lachaise.

J'ai été frappée, en particulier, par l'interprétation de *La méditation* de Thaïs par David Gilmour, des Pink Floyd ! La couleur de sa voix était si voisine de celle de Jean que c'était comme si lui-même nous disait au revoir.

Jean était quelqu'un qu'on a connu un peu tard, c'est dommage. Il a toujours été très gentil avec Stephan, ne s'adressant jamais à lui comme à un demeuré, comme le font, hélas, certaines personnes qu'on voit encore.

C'est un peu un frère que j'ai perdu, moi qui n'en ai jamais eu.

Janvier 2019

Ce soir, Stephan avait l'air particulièrement mélancolique. Je lui ai demandé « Tu es triste ? » Cherchant ses mots, il m'a répondu « Oui, je n'ai pas fait quelque chose d'important ». Je lui ai montré ses nombreux Molières postés dans tous les coins de la maison, mais ça ne lui évoque rien, décidément. Il a eu ce coup de mou après avoir vu à la télé deux acteurs côte à côte, Pierre A. et Michel L., dont je lui ai rappelé qu'ils étaient des amis et qu'il les avait mis en scène tous les deux (séparément). Ça n'a pas eu l'air de déclencher quoi que soit chez lui, il n'y croyait pas, il ne les reconnaissait pas du tout. Mais c'est pourtant dans la même soirée qu'il m'a dit qu'il n'avait rien fait d'important. Il reste bloqué à l'époque où il cherchait à émerger du lot, à trouver son chemin. Quel crève-cœur.

Plus tard, au dîner, comme je me plaignais d'avoir mal partout et d'avoir vieilli, il m'a dit « Moi, je te vois pas comme vieille. Et je t'entends pas comme vieille ». Sa jolie déclaration à la syntaxe bancale m'a fait honte car, le matin même, je m'étais énervée à cause d'un de ces bêtes dysfonctionnements contre lesquels il ne peut rien. Si malheureux que ça arrive, et que je le brusque ainsi, il avait rugi, « Je fais ce que je peux ! » Ah ! je me foutrais des baffes, parfois.

Oh oui, il fait ce qu'il peut, et ce qu'il a l'air malheureux.

On me dit « Mais non, c'est toi qui projettes, tu sais, il ne se rend pas compte de son état ». Bien sûr qu'il s'en rend compte. Pas tout le temps. Mais il a des retours sur lui-même bien plus souvent qu'on ne croit, et c'est déchirant d'y assister.

27 janvier 2019

Ce pauvre être tout contrarié, tout chiffonné, agressif, et qui redevient si charmant quelques heures plus tard...

29 janvier
Lutter contre l'idée que tu n'es plus toi.

Voilà, ça vient, je perds courage. Pour la première fois, aujourd'hui, j'ai vraiment perdu courage. J'ai déjà eu des coups de déprime depuis le début de la maladie de Stephan, mais je n'ai jamais eu autant ce sentiment d'impuissance. On me dit « Tu sais, il faut t'y faire, ce n'est plus lui ». Mais non, je n'y crois pas.

Moi, je ressens très fort que nous restons nous-mêmes dans cette peau où nous sommes venus au monde, qui nous tient prisonnier et nous protège à la fois, qui a grandi avec nous, grossi, maigri, souffert, cette peau marquée, blessée, cicatrisée, que nos os, nos muscles et nos organes ont habité pendant si longtemps. Oui, même abîmés, changés, vieillis, nous restons nous-mêmes dans notre peau. C'est pour cette raison que je n'arrive pas à concevoir leur « ce n'est plus lui ».

Depuis que Stephan est malade, je n'ai jamais oublié comme j'ai aimé son corps, comme j'ai été en accord avec lui, et comme il m'a fait du bien. Au fil des dernières années, des derniers mois, ce corps a subi des changements qui m'ont bouleversée et que j'ai acceptés. Mais aujourd'hui, le découragement m'a submergée.

En plus, il a chopé un rhume, et ça le déboussole encore plus. Ses propres éternuements l'effraient, il ne comprend pas ces spasmes qui l'assaillent.

Je vais devoir faire de nouveaux aménagements dans l'appartement, pour aider Stephan dans ses plus simples fonctions.

J'aimerais être croyante pour pouvoir dire « Mon Dieu, donnez-moi la force ».

2 février 2019 soir

Joyeux échos de fête, chez les voisins. Nostalgie de celles que nous donnions ici-même, il y a quelques années encore. Que j'ai aimé ça, les fêtes, les premières, les amis, la gaité, danser, chanter !

Ce soir, je me sens vraiment sombrer.

5 février soir

Voilà, nous avons démarré une nouvelle phase. La phase où je craque.

Il faut dire que Stephan a une bronchite. Les centres d'accueil pour vieilles personnes, c'est comme les crèches et les écoles maternelles, on y chope tous les virus qui passent. Stephan tousse et se sent mal, ce qui le rend encore plus désorienté, incohérent, et le moindre petit incident devient une épreuve insurmontable. Ce soir, pour le coucher, c'était tellement compliqué de le déshabiller, son apathie alternant avec ses rugissements, que j'ai crié et éclaté en sanglots. Sa réaction a fait redoubler mes larmes car, pleurant lui-même, il a dit de sa voix douce, sa voix d'autrefois « Excuse-moi, je te demande pardon ». Et moi, j'ai eu honte de m'être laissé aller. Mais le pire, c'est qu'au milieu de la crise, quand je bataillais pour lui retirer ses vêtements, il disait dans ses dents « Ça ne peut plus durer ». Mon dieu, c'est bien LUI qui souffre ! Qu'on ne vienne plus me dire que « Ce n'est plus lui » !

6 février

Cette fois, on est passé de l'autre côté. De l'autre côté de la raison, de l'autre côté du quotidien le plus élémentaire, de l'autre côté des tout petits plaisirs des pauvres humains. Nous n'aurons plus de joie.

7 février
Aïe aïe aïe, j'en ai marre.
Mal au dos, fatigue, impatience, tristesse.
Je suis la « directrice » d'ici.
Je ne suis plus rien du tout.

9 février

Incroyable. Après une semaine très pénible avec un Stephan complètement perdu, tenant à peine debout, refusant ses médicaments contre la bronchite, rechignant pour tout, ne reconnaissant plus le chemin des toilettes, l'air buté et hostile, voilà que ce soir, à table, il me regarde gentiment et me dit « Et toi, mon petit cœur, ça va ? » La directrice est redevenue son petit cœur...

Mais un peu plus tard, au cours du repas, de nouveau noyé dans sa détresse, il a dit « Mais où va la vie ? »

Oui, dans ces petits moments de lucidité, il trouve sa vie bien vide, et ce vide le désespère. Comment pourrait-il en être autrement ?

12 février

Voilà bientôt quarante ans que j'achète toutes les affaires de Stephan.

Au début, c'était pour lui faire des cadeaux, puis, quand il s'est trouvé de plus en plus occupé, je me suis mis à l'habiller de pied en cap, et il était bien content de ne plus courir les magasins, car ça l'a toujours barbé.

Quand on le complimentait sur une jolie chemise, ou une veste qui tombait bien, c'était devenu une blague, pour lui, de dire, en me jetant un regard taquin, « On se demande qui m'achète mes vêtements ? »

Aujourd'hui, comme sa kiné, en lui massant les pieds, lui a dit qu'il avait de jolies chaussettes, j'ai fait la petite blague, à mon tour : « On se demande qui lui achète ses chaussettes ? » Et Stephan a répondu très sérieusement « C'est ma maman ».

21 février
Anniversaire de Stephan ! 82 ans.

Le soir même
Tenir bon grâce à ces moments où Stephan me dit ce genre de choses, comme à table, ce soir : « J'espère qu'on va... » il cherche ses mots « ... qu'on va continuer ensemble... » il cherche la suite et trouve « ... longtemps ». Je lui rappelle aussitôt qu'il y a trente-huit ans que ça dure. Après un petit temps d'étonnement, il dit « Ah ! c'est bien ». Puis, il me caresse la main en disant « J'aime beaucoup ça ». Voilà pourquoi je tiens.

Oui, j'ai la chance d'avoir encore de belles surprises venant de lui. C'est souvent à table que ça arrive. Récemment, alors que j'ai les yeux baissés sur mon assiette, j'entends Stephan me dire « Tu t'es fait mal, là ? » Et du doigt, il me montre une de ses paupières à lui. Il se trouve que j'ai un reste de chalazion bien disgracieux qui pèse sur un de mes yeux. Je lui explique ce que c'est. Et, encore deux ou trois fois, au cours du repas, il me pose la même question. Me voyant un peu déconcertée, il me dit « Je t'ai déjà demandé ? »

Mais ce qu'il m'a dit une seule fois ce soir, en me regardant, et qui me console d'avance pour vingt-quatre heures, c'est « J'aime... » Et ne trouvant pas ses mots, il fait le geste de longer son propre visage, de sa main. Alors, j'espère que j'ai bien compris et qu'il a voulu me dire « J'aime ton visage ».

Aujourd'hui, plusieurs appels pour souhaiter bon anniversaire à Stephan, car tout le monde l'aime. Il a toujours été aimé, c'est un de ses nombreux talents.

Demain, belle soirée prévue avec les enfants.

Fin février

Les sillages d'avion dans le ciel. Stephan a toujours aimé observer leur course, ça lui rappelait ses voyages et lui donnait envie de ceux qu'on pourrait encore faire ensemble.

Le 11 septembre 2001 a radicalement entamé notre vision de ces beaux oiseaux qui nous faisaient rêver. Des années après l'attentat, j'ai toujours un pincement au cœur quand je vois un avion passer au-dessus de Paris si bas qu'on peut pratiquement en compter les hublots, et je ne peux pas m'empêcher d'imaginer la terreur des passagers qui avaient dû avoir tout le temps de voir leur mort en face, en fonçant sur les tours.

Pourtant, c'est toujours fascinant de voir briller un avion dans le ciel.

Dernièrement, par une belle journée, comme j'étais installée avec Stephan sur la terrasse (où j'ai de plus en plus de mal à lui faire monter la petite marche d'accès), je lui ai montré du doigt une silhouette scintillante, tout là-haut, qui filait vers le sud. « Regarde, quand on pense qu'il y a des centaines de gens dans cet avion, là-haut ! » Il a ri. « Mais non, il est trop petit ! »

Lundi 4 mars

Stephan ne veut plus qu'on le lave. Alors il rugit. Il fait aussi, depuis peu, des gestes plutôt défensifs qu'agressifs, mais ça surprend quand même. Est-ce qu'au prochain stade, il frappera ? Je ne peux pas le croire. Mon Stephan qui aimait tellement se doucher, se baigner, prendre soin de lui...

14 mars

Comme il est triste, mon chéri, comme il est malheureux ! Il ne sait plus où il est, qui il est…

TU ES LÀ . I

FESTIVAL
D'AVIGNON

Direction Jean Vilar

Paris, le 12 mars 1966

Monsieur le Président du Jury du
Festival d'Arras

Cher Monsieur,

Stephan Meldegg a tenu la fonction d'assistant à la mise en scène pour les deux spectacles que j'ai régis au Théâtre de l'Athénée : " Le Dossier Oppenheimer" et " Le Hasard du Coin du Feu".

Je n'ai eu qu'à me louer de ses connaissances , de son savoir-faire, et je suis très heureux d'apprendre qu'il se présente au concours du Festival d'Arras.

Je profite de cette lettre très sincère pour vous féliciter de l'effort entrepris par vous en faveur des jeunes chefs de compagnie.

Cordialement vôtre

Jean Vilar.

Jean Vilar

7 rue de l'Estrapade. Paris VI

MARCHAL
MARCHAL
elf

Photo: Juan

Robert
HIRSCH
éâtre La Bruyère
THEATRE LA BRUYERE
PIEPLU
COUTTEURE
Guerre aux asperges
THEATRE LA BRUYERE
Jacques FABBI
LE MALADE IMAGINAIRE
Molière
THEATRE LA BRUYERE
Théâtre La Bruyère
temps
contre temps

XII . TU ES LÀ

Le Théâtre
Les Nominations
• " Accalmies passagères "
Meilleur spectacle comique
• Attica Guedj et Stephan Meldegg
Meilleure adaptation d'une pièce étrangère
pour " L'ampoule magique " de Woody Allen
• " Temps contre temps "
Meilleur spectacle du théâtre privé
• Laurent Terzieff
Meilleur metteur en scène
• Françoise Bertin
Meilleur second rôle féminin
• " Cuisine et dépendances "
Meilleur spectacle du théâtre privé
• " Cuisine et dépendances "
Meilleur spectacle comique
• Agnès Jaoui et Jean-Pierre Bacri
Meilleurs auteurs
• Stephan Meldegg
Meilleur metteur en scène
• Stéphane Freiss
Révélation théâtrale de l'année
• " Ce que voit Fox "
Meilleur spectacle du théâtre privé
• Laurent Terzieff

20 mars

Les mots, expressions, ou noms de partis politiques qui intriguent Stephan, et dont il me demande systématiquement la signification, quand il les entend à la télé ou à la radio :

- exponentiel
- la France Insoumise
- se prendre un râteau
- pédophile
- ostentatoire

Je lui réponds de mon mieux, mais là où je me régale c'est quand il me demande ce que veut dire « grosso-modo », que beaucoup d'animateurs ou d'hommes politiques emploient. Je le lui explique et je lui rappelle que nous, on disait toujours (bêtement, d'accord) « grosso-merdo », à la place. Il est mort de rire.

24 mars
Ce soir, à table, je lève mon verre et je dis « À nous ! » Stephan répond « À nous ! » Le verre toujours levé, je dis encore « À l'amour ! » Il dit « À l'a-quoi ? »

26 mars matin

Je ne me lasse pas de regarder par la fenêtre, vers 8 h 30, les tout petits enfants partir à l'école. Leur coiffure improbable faite par une maman pressée, leurs pieds minuscules hésitants, leurs sacs à dos imprimés de personnages de B.D. tressautant derrière eux, quand ils se dépêchent à côté de leurs parents... Ce qu'ils sont rigolos !

30 mars

Ce soir, à table, Stephan, me voyant l'air sombre, me dit « Si ça va pas, ça me fait de la peine ». Récemment, c'était « Tu as un air de souci ». Un autre soir « Si ça va pas, je suis là ».

Quand il lui vient ces douceurs à me dire, ça me désespère encore plus que quand je le vois amorphe et silencieux, parce que je me dis qu'il est vraiment là, quelque part en-dessous, mais qu'il va « repartir ».

De toute façon, c'est une mauvaise période pour moi. Il y a de quoi éclater de rire, à lire ça, vu ce qu'on traverse depuis une dizaine d'années, mais mes problèmes dentaires me minent le moral. Les dents, c'est la jeunesse...

En plus, ce matin, j'ai remarqué que mon cou, sous le menton, s'était relâché. C'est triste, car ce dessous de menton (c'est un tendon, en fait ?), longtemps « dégagé », m'a permis de paraître plus jeune que je ne l'étais pendant des années. Ben voilà, c'est fini.

7 avril 2019
On a définitivement perdu l'étage principal de la fusée.
On erre en orbite.

9 avril
Voilà que ma sœur est hospitalisée ! Je dois absolument descendre la voir. Il faut que j'arrive à m'organiser pour bouger d'ici.

10 avril
Stephan crie à l'infirmier qui tente de l'emmener sous la douche « Non, je ne veux pas ! Laissez-moi ! » C'est terrible. J'ai honte de lui infliger ça. L'infirmier fait de son mieux.

29 avril
Touché mon piano aujourd'hui pour la première fois depuis quatre ou cinq ans. Plus ?
Vais essayer de m'y tenir.

Cette dame « du mardi » que j'ai trouvée est bien mignonne, mais saura-t-elle affronter le côté désagréable de son service auprès de Stephan ? Pour être claire, l'accompagner aux toilettes, par exemple.

20 mai

Devant la multitude de partis qui se présentent aux prochaines élections européennes, j'ai essayé d'expliquer à Stephan comment chacun se définissait. Le nom de l'un d'entre eux, quand il l'a entendu à la radio, pendant qu'on était à table, l'a particulièrement intrigué, le Parti animaliste. Quand il m'a demandé ce que ça voulait dire, j'avoue qu'en me moquant du dit parti, je lui ai répondu « On ne va quand même pas élire des petits chiens au Parlement européen ! » Puis, je me suis levée de table pour prendre un plat sur le plan de travail. Alors, j'ai entendu Stephan dire derrière moi : « Moi, je suis du côté des petits chiens ! »

29 mai

Me suis aperçue de profil dans une vitrine : dos rond, affaissé, un dos de vaincue.

En tout cas, je relis, sur la page précédente, qu'il y a tout juste un mois que je me suis remise au piano. Eh bien je m'y tiens. Plaisir retrouvé d'entendre une jolie mélodie sortir de mes doigts. Bon, je suis loin de mon niveau d'autrefois, mais c'est une de mes fameuses consolations, comme entretenir mes terrasses, ou entendre le merle de la cour chanter tout son saoul en milieu d'après-midi. Ah oui, qu'il chante bien, mon petit merle !

Dimanche 16 juin

Ce soir, à table : Stephan me caresse la main, comme souvent. Je lui dis, comme d'habitude « Tu as vu comme elles ont vieilli, mes mains ? » Il me répond « Oui, mais elles savent ce qu'il faut savoir ».

Jeudi 20 juin

Après deux jours d'angoisse à guetter le « transit » de Stephan, et de peur que la douche tourne au pugilat avec l'infirmier, repas tranquille à la cuisine. Enfin, tranquille et morne. Puis, Stephan me regarde, et je vois que c'est vraiment MOI qu'il regarde, même s'il ne sait plus mon nom. Il me regarde de son beau regard franc et me demande « Ça va ? » « Oui, mon Stephan, ça va ». Et il me caresse la main « Hmmm, j'aime ça ». Prenant la sienne, je lui dis que moi aussi j'aime ses mains, que ce sont les mains d'un homme courageux, et comme toujours à la moindre occasion, je lui rappelle son parcours, ses vingt-cinq ans de théâtre La Bruyère, ses succès, ses Molières, etc. Il m'écoute, et tout content, il me dit « Alors, je pourrais travailler avec toi ! » J'éclate de rire et je lui raconte notre vingtaine de traductions, les pièces dans lesquelles il m'a mise en scène, celles où on a joué ensemble... Tout ça l'étonne et le ravit, et en me caressant la joue, cette fois, il me dit « Hmmm j'ai toujours aimé ça ».

Dimanche 23 juin 22h 30

Dégustant – seule – une dernière goutte de rosé, sur la terrasse, j'ai assez vite battu en retraite à la vue du vol désordonné de ce qu'un innocent pourrait prendre pour des martinets couche-tard, mais c'étaient… des chauves-souris ! Normal, c'est leur heure de voltige.

Peu avant, pendant le dîner, à la cuisine, je rappelais à Stephan que dans quelques jours, on allait fêter les 53 ans de Thomas, son fils. Après un petit temps de réflexion, il a dit « 53 ? Il a fait vite ! » Quelques minutes après, au téléphone, Thomas me signalait qu'en fait, il s'agirait de son 55e anniversaire… Mince, il a fait encore plus vite que je ne le pensais, moi !

14 juillet 2019

À l'aube, après une nuit agitée, j'entends Stephan murmurer « Pourquoi ? Pourquoi ? Pourquoi moi ? Pourquoi ça m'arrive à moi ? Vous voulez me tuer ? »

Quel supplice ça doit être.

29 juillet

Je suis sortie pour trois petites heures, laissant Stephan en compagnie de la dame qui me relaie, désormais, plusieurs jours par semaine auprès de lui.

J'avais envie d'aller vers la rue du Bac. Aucun des bus du quartier n'allant précisément là-bas, j'en ai pris un qui m'a laissée rue des Saints-Pères, et j'ai continué à pied. Je me suis arrêtée chez Conran Shop où j'aimais tant faire des emplettes, avant. Je m'en suis vite enfuie, la tête martelée par le vacarme de travaux en sous-sol. Là aussi, des travaux ?! Paris n'est qu'un chantier où on doit slalomer d'une portion de trottoir à une autre, se faufiler sous un échafaudage, éviter les stations de Vélib' et de trottinette...

Bref, je me suis attablée à un bistrot en face du Bon Marché. Le repas était mauvais, mais ce n'est pas ce qui m'a le plus frappée. J'ai toujours aimé regarder les gens qui passent, c'est un spectacle permanent. Tous ces visages, tous ces corps, ces démarches, ces attitudes, ces voix, ces accents, ces bribes de conversations attrapées au vol, c'est étourdissant, je ne m'en lasse pas. La seule chose qui me gâche le tableau, maintenant, ce sont toutes ces peaux massacrées par les tatouages. Ainsi marquées par ces symboles, ces affirmations, ces dessins effrayants ou mièvres, on n'en distingue même plus la vraie carnation, le grain, les duvets, les poils, la texture. Certains tatouages recouvrent entièrement les bras, comme les manches d'un pull. Le pire, c'est cette langue noire qui dépasse du col et grimpe à l'assaut de la gorge, chez les garçons, et c'est manifestement très tendance ! Si c'est une forme de coquetterie, j'ai du mal à la comprendre. Sexy ? Ah non, alors ! Pour moi, c'est de l'aliénation pure et simple, une chose dont on ne pourra jamais se défaire quand on ne la supportera plus. Pourquoi s'infliger ça ? On peut changer de style, de couleur de cheveux, de vêtements, de lunettes ou de lentilles de contact, on peut maigrir, grossir, on fait ce qu'on veut de son corps, sauf si la maladie le ravage. Alors que les tatouages, eux, seront toujours là. Quelle angoisse de ne pas pouvoir s'en débarrasser ! Dans de vieux films en noir et blanc, on pouvait voir des marins ou des légionnaires, le poitrail barré d'un « À maman pour la vie » ou d'un « Mauricette mon amour », et on y voyait même des femmes de mauvaise vie, le bras tatoué d'un « Lulu, mon homme », ou « Jacquot, je t'ai dans la peau » ! C'était plus rigolo.

Quand je dis que les tatouages me gâchent le tableau, ils ne me privent tout de même pas de profiter du spectacle de la rue. Donc, ce jour-là, attablée dans ce bistrot de Sèvres-Babylone, je me suis gavé les yeux de tout ce genre humain qui défilait. Et là, j'ai pu mesurer tout ce qui me séparait désormais de la vraie vie. Tous ces gens allaient quelque part, ou en revenaient, affairés, seuls ou en couple, ou en famille, ou avec des bébés. J'ai vu beaucoup de beaux garçons et de belles filles, des gens qui se parlaient, ou qui riaient, des touristes cherchant leur chemin grâce à leur téléphone, toute une animation qui m'a fait penser, tout-à-coup « Tout ça, c'est fini pour moi ». Je n'ai plus besoin de me presser pour aller où que ce soit, personne ne m'attend nulle part, Stephan n'a même pas réalisé que je sortais, donc il ne réalisera pas davantage mon retour à la maison, et de toute façon, il ne sait plus qui je suis.

Oui, la vraie vie, c'est fini pour moi.

Ma vraie vie, c'était en grande partie mon métier. Un métier pour lequel je n'ai pas vraiment compté, finalement. Et j'en suis seule responsable car en vraie midinette, j'ai toujours privilégié l'amour. Déjà, il y a des années, tout juste après l'un de mes premiers « premiers rôles », je n'ai rien trouvé de mieux à faire que de suivre au fin fond de la France profonde l'auteur de la pièce qui avait jeté son dévolu sur moi. Enfin, j'avais aussi jeté mon dévolu sur lui, et de dévolu en dévolu, j'ai disparu des radars pendant trois ans.

Plus tard, de nouveau en selle, je n'ai pas su exploiter le friselis de mes succès d'auteur-actrice, en bonne midinette, encore une fois, l'amour primant tout. Car ma rencontre avec Stephan m'a encore fait changer d'aiguillage, je suis devenue une « femme de ». Mais je ne le regrette pas. L'amour est rare, c'est une alchimie mystérieuse, alors si on a la chance qu'il se présente, il faut le vivre pleinement. C'est ce que j'ai fait.

Oui, si mon métier était une grande partie de ma vie, ce qui a toujours été le socle de tout, pour moi, c'était l'amour et l'affection. Et quand je dis « amour », ça englobe l'amitié qui est bien une forme d'amour. Mes amis ont beaucoup compté pour moi. Et je les ai admirés, de la même manière que j'ai admiré les hommes dont j'ai été amoureuse. J'ai toujours eu besoin d'admirer les gens que j'aimais, ou plutôt quand je tombais en amour ou en amitié pour quelqu'un, je réalisais assez vite que c'était parce que je l'admirais, avant tout.

J'ai toujours été attirée par des gens très différents de moi, qui piquaient ma curiosité, ou qui avaient un talent qui m'était étranger, qui parlaient des langues que je ne parlais pas, des gens dont le seul contact m'apprenait des choses, m'élevait, même. Si j'ai toujours recherché la compagnie de gens que j'admirais, ce n'était pas par un besoin de me soumettre, mais au contraire parce que notre échange a toujours eu un effet épanouissant sur moi. Et cette attraction n'a jamais été à sens unique, ça ne marchait que si moi-même je séduisais l'autre. Il en a toujours résulté un rapport complémentaire et gratifiant.

Si je parle d'amour/amitié à l'imparfait, c'est que je ne vois plus guère mes amis, isolement et distances obligent. Quand on « accompagne » un malade vingt-quatre heures sur vingt-quatre, on est perçu comme malade soi-même, les gens marchent sur des œufs pour s'adresser à vous, et fatalement vous évitent, vous appellent moins, ne vous appellent plus du tout, craignant que vous ne leur racontiez que des choses tristes. Quant à mes plus chers amis, ils habitent si loin de Paris que je crains toujours que « Loin des yeux » ne rime avec « Loin du cœur »...

Privée de l'affection de ma mère et de ma grande sœur, décédées toutes deux depuis longtemps pourtant, j'en ressens le manque chaque jour. Et des kilomètres me séparent de la sœur qui me reste...

Quant à l'amour de Stephan, qui fut si plaisant, il ne subsiste que dans ma mémoire à moi. Lui me considère comme un personnage bienveillant de son quotidien, mais la notion même d'amour l'a quitté. L'amour qu'il peut ressentir, maintenant, est pareil à celui d'un enfant. D'ailleurs, je l'aime et le protège comme un enfant. Plus aucun vestige de notre passé, chez lui. À moi de polir le joyau du souvenir, jour après jour.

8 août

Je « nettoie » régulièrement la boîte de réception de mon ordi. Et je me suis aperçue que si j'effaçais toutes les newsletters et relances de Darty, la FNAC, Nature et Découvertes, Naturalia, Gap, Linvosges, Marionnaud, Monoprix, La Redoute, Picard, Madura, Nespresso, AlloCiné, CANAL+, Who's Who, la mairie du 9e, *le Journal des femmes*, les éditions en ligne de *Libé*, L'*Obs*, *Télérama*, la saison des Théâtres Privés, et autres notifications, il ne me resterait quasiment aucun message. La-men-table.

De si rares amis fidèles m'écrivent encore, et pas aussi souvent que je l'aimerais, mais ils ont leur vie, comme on dit. Je ne peux pas leur en vouloir.

En fin d'après-midi, après que j'ai réussi à faire s'intéresser Stephan à un programme T.V. qui parlait de voyage, il lui est revenu que lui aussi avait beaucoup voyagé, et qu'il avait rencontré plein de personnes passionnantes dans sa vie. Alors, il m'a dit « Et maintenant, c'est fini ? Tous ces gens, je ne les vois plus ? C'est fini ? »

Eh oui, c'est fini.

Lundi 19 août 2019

Vrai tournant ? Est-ce que cette pénible journée va marquer un tournant dans notre vie déjà si changée depuis ces dernières années, depuis que Stephan est malade ?

Aujourd'hui, Stephan était complètement à plat. Il a attrapé froid, vraisemblablement au centre d'accueil. Il a besoin de se moucher tout le temps, et d'expectorer, et comme il ne sait plus faire ni l'un, ni l'autre, c'est compliqué. Pas de fièvre, mais pourtant tous les symptômes, si mal aux genoux qu'il peut à peine marcher. Et grosse, grosse fatigue. Ça suffit, il n'ira plus dans ce centre d'accueil de jour. On ne l'y traite plus assez bien. La direction a changé, et tout est moins bien organisé qu'avant. Le cahier où je pouvais lire comment s'était passée sa journée n'a plus cours. Et puis, il en revient de plus en plus débraillé, ça ne me plaît pas. Alors, basta, il restera à la maison, où il sera plus en sécurité.

Stephan a été très désagréable aujourd'hui. Il ne me reconnaissait pas, il ne comprenait pas du tout de toutes petites choses que je lui demandais de faire, de celles qu'il peut encore faire, j'y tiens. Sans compter que j'ai eu peur plusieurs fois qu'il tombe, m'entraînant dans sa chute, lors de nos rares déplacements dans l'appartement.

Bref, le vrai tournant dont je parle, c'est le complet désarroi que j'ai ressenti, face à lui, toute la journée. Rien à me raccrocher. Rien, aucun signe chez lui qui pouvait faire écho à quoi que ce soit de commun entre nous.

Seule.

20 août

Ces dernières semaines, un pan entier de son vocabulaire s'est détaché et a glissé dans la mer de l'oubli.

28 août

Je fais des confitures, mes seules créations désormais.

Je pense au miel de Javon. Que j'aimais ces jolies ruches artisanales que M. Clop avait installées au bout du champ. Déjà, son seul nom me faisait sourire, mais le voir arriver avec tous ses pots pleins du nectar de ses précieuses petites bêtes était une joie. J'avais baptisé mes étiquettes à coller sur les pots « Les petites fées de Javon ». Je pouvais en offrir, en rapporter à Paris et en manger, donc !

Bon, tout ça, c'est fini aussi.

Allez hop, un bon film à la télé, vite ! Grâce à C+, TCM, Paramount, et autres chaînes ciné, je ne suis pas privée. Ça me fait me coucher très tard, mais je n'ai jamais eu besoin de beaucoup de sommeil, heureusement.

Revu *Easy rider*, récemment. Je n'avais pas le souvenir que c'était aussi déchirant. Revu aussi *Little big man*, magnifique, Dustin Hoffman bouleversant. Et puis, hier soir, *Blade runner 2049*, si poétique. Ryan Gosling me fascine, et quels yeux étonnants ! On cherche tout le temps ce que dit son regard. C'est ça, la photogénie. Et puis, c'est un acteur qui peut être si drôle, aussi. Comme dans ce film avec Russell Crowe, vu il n'y a pas si longtemps, je ne sais plus le titre, si peut-être *The Nice Guys*, qu'est-ce que j'ai ri !

Septembre 2019
On est passé dans la merdissime dimension.

20 janvier 2020
Ce soir, je n'en peux plus. Je n'ai pas de courage, plus de courage, aucun courage.

Je trouve nos efforts pathétiques. Enfin, les efforts de Stephan, je les admire, car je vois à quel point il en fait, pour se raccrocher à on ne sait quoi, mais les miens, d'efforts, sont pathétiques.

À quoi ça sert, tout ça ?

Contre quoi je me bats ?

J'ai pris LA grande décision : Stephan n'ira pas en EHPAD, comme on me le conseille de toutes parts. Il restera chez lui, chez nous, j'organiserai tout au fur et à mesure.

26 janvier

Le plus dur, c'est le dimanche. Ce jour-là, je ne fais pas venir l'aide-soignante, pour respirer un peu. Mais si je veux m'occuper un peu de moi, cheveux, pieds, terminer un bouquin, lire des magazines, j'abandonne Stephan endormi toute la journée dans son fauteuil.

L'après-midi, j'essaye quand même de trouver un bon film à la télé, de préférence en anglais ou en allemand, pour le tirer de sa léthargie. En vain.

Dans quelques mois, je réorganiserai la maison pour pouvoir faire venir quelqu'un qui veillera sur Stephan la nuit aussi, car c'est devenu trop difficile pour moi, je suis toujours sur le qui-vive. J'ai beau ne pas avoir de gros besoins de sommeil, je commence à me sentir bien fatiguée.

Pour l'instant, je me garde ces dimanches « vides », pour me sentir encore un peu chez moi, mais ils me sont à peine bénéfiques, tant je culpabilise de ne pas réussir à divertir Stephan davantage.

PROFITER DE LA MOINDRE PETITE JOIE

Le mimosa de la terrasse.

Les mésanges qui volettent et se rassasient de petites graines.

Le papa d'une famille d'en face que je vois préparer, tous les jours, le petit-déjeuner pour toute sa maisonnée.

Les trois enfants de « Steve Carrell » qui partent à l'école, les deux filles à vélo avec leur père, le garçon qui les suit sur sa trottinette.

Les beaux yeux pleins de compassion de Marion Ruggieri, dans l'émission C à vous que je regarde tous les soirs, et qui est toujours intéressante.

M'acheter de temps en temps un gâteau au miel chez Douïeb.

Entendre à la radio, au Jeu des Mille Euros Spécial Jeunes, un enfant répondre à la question « Qui a inventé le vaccin contre la rage ? » : « William Shakespeare ! »

12 février

Aïe aïe aïe, le mardi matin, impossible de prendre mon petit-déj tranquille, l'humoriste du jour, à France inter, traite maintenant de politique et de société. Elle se sent, manifestement, très importante. Tous ces donneurs de leçons me désespèrent. Enfin, il faut bien que tout le monde vive...

24 juin 2020

Si longtemps que je n'ai rien écrit ici, rendue muette par la lourdeur des jours qui s'écoulent dans une espèce de sidération.

Et pourtant, il s'en est passé des choses depuis ce 12 février de la page précédente !

Cette saloperie de pandémie qui est nous tombée dessus a bloqué, gelé, cadenassé nos vies pendant trois mois. D'accord, la mienne, de vie, était déjà pas mal cadenassée mais l'ambiance, autour, l'a rendue encore plus écrasante.

Enfin, depuis quelques semaines, on a remis le nez dehors, tout en sachant que ce méchant virus rôde toujours.

Cette « reprise », après plusieurs semaines de confinement, a partagé la population en deux camps : ceux qui ont fait « Ouf, c'est fini, youcaïdi ! youcaïda », se ruant dans les lieux publics rouverts depuis peu, sans masque, claquant la bise à tout va, riant et criant sans retenue, et puis ceux – les réalistes – qui ont dit « Ouf, d'accord, on respire, mais attention, ce n'est pas fini », qui se montrent moins expansifs et restent masqués, quitte à paraître rabat-joie. J'avoue que je navigue entre les deux tendances.

Curieusement, pendant cette période de confinement, je me suis sentie un peu moins seule, car tous mes voisins préférés étaient là, bloqués chez eux, comme tout le monde, comme moi. On était tous au diapason. Maintenant, ils ont repris leurs habitudes d'escapade de week-ends, ou carrément de vacances longues et lointaines, me laissant de nouveau seule avec mon malheur.

Ah oui, là, je suis en plein dedans. Stephan a vraiment fait la culbute, et doublement car il y a deux semaines, il est tombé. Agacé par ma façon de le soutenir par les avant-bras pour le faire avancer et le mener d'un fauteuil à un autre, il m'a poussée avec force. Déséquilibrée, j'ai pu me rattraper aux meubles, mais lui, emporté par son élan, a plongé en avant et s'est étalé par terre. Affolée, j'ai pu au moins constater qu'il ne s'était rien cassé, mais impossible de le relever toute seule. C'est qu'il est grand, Stephan, et il ne sait plus faire les gestes qui aident à se relever d'une chute. Alors, j'ai appelé les pompiers. Ils l'ont soulevé sans trop de ménagement, et se sont montrés agacés par ses récriminations. J'ai dû leur expliquer qu'il n'était plus la personne polie qu'il était autrefois, à cause de sa maladie. Ils devraient avoir l'habitude de voir des gens bizarres, pourtant. Bon, le plus important était qu'ils le relèvent.

Bien que, par chance, il n'ait rien eu de cassé, il est resté tout douloureux pendant plusieurs jours. Et puis, courageusement – comme toujours –, il s'en est remis, petit à petit. Mais force est de constater que son humeur a changé. Il est devenu très agressif. Impossible, maintenant, de le faire bouger ou lever, sans qu'il se plaigne ou crie « Non ! » ou « Je peux pas ! » Je crois bien qu'on aborde une phase de démence.

Je sais donc qu'on va passer un été épouvantable.

Mon pauvre chéri est seul dans sa nuit.

10 juillet

Est-ce la fin avant la fin ?

Stephan a l'air de se laisser couler. Dort toute la journée. Il n'arrive pas à situer un objet qu'on lui montre tout près de lui. Il a du mal à saisir sa fourchette ou sa cuillère. Mon pauvre ourson. Quelle tristesse, quelle déchéance. Je sais que les mois à venir vont être très durs. Il a l'air si malheureux.

Pourtant, hier, dans l'après-midi, sortant de ce sommeil comateux où il est souvent plongé maintenant, son visage tout renfrogné s'est lissé, ses beaux yeux bleus m'ont regardée comme « avant » et il m'a dit « Je suis là ! » J'ai répondu « Oui, chéri, c'est bien. Moi aussi. » Alors, avec son bon sourire de toujours, et me prenant la main : « Je suis content que tu sois là ».

23 juillet

J'ai un terrible sentiment. J'ai peur que l'été nous soit fatal. Stephan est trop faible, trop douloureux, trop triste pour tenir encore longtemps.

Voilà trois semaines qu'il est totalement « dépendant », c'est une misère.

J'ai plein de souvenirs et d'images qui défilent. Pas comme un film, en continu, mais par images isolées, par flashes, par saccades, par des sons aussi. Et tout à l'heure, en le voyant si misérable, si vulnérable, je me suis souvenu que quand j'avais peur de quelque chose, Stephan avait toujours su me rassurer. J'ai toujours été peureuse, mais il ne s'est jamais moqué de moi.

J'ai peur de tout, du noir, des insectes, du vide, de prendre l'avion (comment ça peut voler, ce truc ?), des bruits étranges, de mourir, que mes proches meurent. C'est que je ne veux pas mourir ! Non, j'ai trop peur ! Pourquoi mourir ? Tout ça pour ça ? Je sais bien que c'est déraisonnable, mais c'est comme ça, je suis terrorisée à l'idée de cette fin inéluctable. Sans doute que si j'étais croyante, je l'accepterais mieux, mais mon expérience personnelle ne m'a guère poussée à le devenir. Ma mère qui était une femme simple et forte, croyait si sincèrement en Dieu qu'elle en espérait vraiment de l'aide. Je m'étonnais toujours de l'entendre dire « À la volonté de Dieu », « Si Dieu veut », « Dieu bénisse », après les périodes terribles qu'elle avait traversées, dans sa vie. Et quand, sur son lit de douleur, à la fin, elle disait encore faiblement « Si Dieu veut », ça me révoltait. Comment pouvait-elle garder espoir en ce Dieu qui, imperturbable, la laissait souffrir ? Mourir, c'est obligatoire, mais souffrir, c'est intolérable.

Stephan savait donc que j'étais pleine d'appréhension, dans beaucoup de circonstances. Il dédramatisait toujours la situation en riant, et en bombant le torse comme un malabar, il me disait « Never fear, Stephan is here ! » Ah mon chéri, non, *Stephan is not here anymore*. Non, ce n'est pas MON Stephan qui est là, mais un pauvre être qui se bat pour comprendre ce qu'il fait sur terre, ce qui lui arrive, comprendre qui sont ces gens autour de lui, infirmiers, garde-malade, et surtout cette femme brune insistante qui veut lui couper les ongles, lui faire boire du jus de pomme, lui faire chanter *My way*, ou *Un jour, tu verras*, ou *Que Sera, Sera*, en essayant de lui rappeler que ce sont ses chansons préférées... Cette femme brune que je suis ne peut plus rien pour lui.

Depuis plusieurs soirs, peut-être une semaine, quand, après son coucher, j'embrasse Stephan sur l'oreille en lui disant « À tout à l'heure », il ne me répond plus son « À tout à l'heure ». Et le matin, quand, après avoir ouvert les volets de la chambre, je lui dis « Bonjour, mon petit cœur ! » il ne me répond pas non plus, ou alors, un faible « Oui », ou un « bonjour » tout plat.

Voilà pourquoi je crains cet été.

Il parle si peu désormais. En revanche, il grince des dents.

« Never fear... » Oh si, j'ai peur.

Dimanche 26 juillet

« On ne meurt pas de la maladie d'Alzheimer », m'a confirmé le docteur L.

Si je lui ai posé la question, c'est parce que Stephan est si mal, avec ce ventre énorme et ces douleurs partout, que je crois qu'il a quelque chose qui lui ronge l'intérieur. Mais je veux lui éviter des examens genre IRM, scanner, et tutti quanti, qui permettraient de savoir de quoi il retourne exactement. Et le docteur L. est d'accord avec moi. Si on le fait hospitaliser maintenant, il ne reviendra jamais à la maison. Sans compter qu'avec ce Covid de malheur, les hôpitaux sont pleins à craquer. Non, je veux que Stephan reste chez lui. Mais il faut absolument que je lui évite de souffrir.

Ce soir, après son coucher, je l'ai embrassé, comme d'habitude, et le sentant tout contracté, je lui ai demandé s'il voulait quelque chose. Il m'a répondu « Je voudrais que ça finisse ».

2 août

Thomas nous appelle chaque soir, d'où qu'il soit. Ce soir, après avoir réussi à extirper de son père une petite suite de mots décousue, il dit « Passe-moi Attica », j'entends Stephan répondre « Qui ? » Thomas lui explique « Attica, ta femme », « Elle est pas là », « Mais si, elle doit être devant toi ». Je fais signe à Stephan que oui, je suis là, alors, l'œil vide, il me tend maladroitement le téléphone en murmurant « Il veut vous parler ».

Dans cette sinistre période où manifestement, pour Stephan, « je ne suis pas là », et où moi-même, je me sens à peine exister, je veux me rappeler comme ma mère m'aimait. Je veux me rappeler son front velouté si doux à embrasser, ses beaux bras ronds, je veux me rappeler comme je me sentais protégée par elle, par ma grand-mère et mes deux grandes sœurs, je veux me rappeler l'ombre rayée des persiennes dans notre appartement d'Alger, l'été, je veux me rappeler l'odeur du marché de la rue des Moulins à Bab El Oued, nos déjeuners de Pâques sur l'herbe, à la Bouzaréah ou à Notre Dame d'Afrique, les chants de Kippour au temple Walid de Saint Eugène où mes oncles m'emmenaient jusqu'à la fin du jeûne, je veux me rappeler les jours d'été où, assise sur notre petit balcon de la rue de Phalsbourg, je répétais « poivre-sel, poivre-sel... » pour éloigner les guêpes, comme me l'avait recommandé ma mère (j'y croyais dur comme fer), je veux me rappeler mes premiers cours de théâtre grâce auxquels j'ai découvert comme des textes pouvaient être beaux et me faire pousser des ailes.

Je veux me rappeler, malgré notre arrivée calamiteuse à Paris, ville dont je rêvais pourtant depuis mon enfance, ma rencontre avec des gens formidables, notamment la famille Serreau. En 1964, j'avais trouvé un petit boulot dans un théâtre qu'on venait d'attribuer à Jean-Marie Serreau, le Pavillon de Marsan, dans le bâtiment des Arts Décoratifs, situé à un angle du palais du Louvre. J'y ai assisté à ses mises en scène très novatrices, notamment la création de *Comédie* de Samuel Beckett. J'ai ainsi fait la connaissance des enfants Serreau, avec qui j'ai tissé des liens d'affection, Dominique, Nicolas et Coline, et de leur mère Geneviève, que j'ai beaucoup admirée. C'est cette famille qui m'a fait découvrir un monde intellectuel et artistique passionnant, et m'a fait connaître des personnes devenues des amis pour la vie.

Je veux me rappeler comment, après quelques années d'errance existentielle, je me suis dit, en rencontrant Stephan « Voilà l'amour qui passe » sans que lui me reconnaisse encore comme tel, et comment, quelques années plus tard, il a pensé pareil, en me regardant mieux. Je veux me rappeler nos premières vacances de rêve, à Mljet.

Je veux me rappeler le jour où Stephan m'a présentée à son fils.

Je veux me rappeler le petit succès de ma première pièce que j'avais mise en scène et jouée, *Ma vie est un enfer, mais je ne m'ennuie pas*, grâce à laquelle j'ai compris que, peut-être, je « savais » écrire.

Je veux me rappeler mon premier vrai succès d'auteur, *Tchoufa*, pour lequel j'avais eu une si jolie critique de Fabienne Pascaud dans Les Nouvelles Littéraires, où elle disait que mon spectacle était « serré comme un bon café ».

Je veux me rappeler comme ma mère avait été impressionnée quand, lors de la première visite de Stephan chez elle, il s'était penché pour lui baiser la main, sa grande main de travailleuse. Ses belles joues ont rosi un peu plus et elle s'est sentie princesse pendant trois secondes.

Me rappeler aussi cette soirée délicieuse où Stephan l'avait emmenée au Lucernaire pour me voir jouer *Tchoufa*. Elle croyait tellement à tout ce qui se passait sur scène qu'en me voyant enjamber le dossier d'une simple chaise censée représenter un balcon, elle avait crié « Oh mon dieu ! » pensant vraiment que j'allais tomber dans le vide. Et comment, à la fin, toute intimidée par la liesse de la salle, elle avait été incapable de m'applaudir, scotchée par l'émotion.

Je veux me rappeler le coup de fil joyeux de Stephan, pendant que j'étais en tournée en Israël, m'annonçant qu'il avait trouvé un appartement rue La Bruyère d'où on pourrait voir, m'avait-il dit, les gens faire la queue devant le théâtre dont il venait de prendre la direction.

Je veux me rappeler notre mariage campagnard, dans le Perche.

Je veux me rappeler les succès du La Bruyère quand les choix de Stephan étaient un sans-faute, et qu'il en était si heureux. Je veux me rappeler son courage de vendre son théâtre.

Je veux me rappeler l'audace de Stephan de s'amouracher d'une ruine en Provence, et de sa joie et sa fierté d'en avoir fait un palais.

Je veux me rappeler comme il venait se planter devant la porte de la cuisine pour me demander, l'œil gourmand, « Qu'est-ce qu'on dîne ? »

12 août 2020

Depuis dix ans, j'ai souvent éprouvé de la honte. Honte à chaque fois que j'ai dû renoncer à une résolution que j'avais cru pouvoir tenir. Honte d'avoir exposé Stephan tout nu devant des étrangers. Honte de mes impatiences. Honte de ne pas arriver à lui rendre la vie quotidienne plus acceptable.

Et maintenant, j'ai honte de ne plus supporter ce que Stephan est devenu. Pauvre chose geignarde, d'où s'échappe, dans un souffle, ses sempiternels « Je peux pas » et ses terribles « Non ». Ah ces « Non », à propos de tout et n'importe quoi... Pauvre, pauvre amour auprès duquel je ne peux plus dormir, assaillie par ses plaintes et ses tirages de draps incessants.

Maman, mémé, Berthe, vous, poussières d'étoiles, donnez-moi le courage.

Août 2020

Je ne dors plus dans notre chambre.

Stephan est tombé du lit, une fois de plus. Grâce à l'aide d'un jeune parent que j'héberge en ce moment, j'ai pu le recoucher sans avoir recours aux pompiers.

En fait, quand je venais au lit vers deux heures du matin – je n'y arrivais jamais plus tôt – je le dérangeais trop, mon entêtement à garder ma place auprès de lui était devenu un pari intenable.

J'ai installé une barrière de lit de son côté, et je fais une espèce de barrage d'oreillers de l'autre, et depuis, il ne bouge plus de la nuit, dormant assez paisiblement.

Ça a été dur de quitter notre belle chambre. Mais je ne veux pas « m'installer » dans celle de l'autre côté du couloir, pas assez proche de Stephan. Alors je dors au salon, contigu à notre chambre. Bien sûr, le canapé est moins confortable qu'un lit, mais je peux laisser la porte entrouverte et entendre s'il se plaint.

Je peux lire tout mon saoul, sans l'embêter. Et je peux regarder la télé.

J'y vois beaucoup d'hommes politiques s'exprimer, à propos de la crise sanitaire, et leurs discours sont maintenant systématiquement traduits en langue des signes. Les médaillons où apparaissent les traducteurs sont d'une taille si conséquente qu'ils en distraient presque de la prise de parole en cours. Allez, pour être franche, ces traducteurs me font rire, voilà. Je le dis sans méchanceté, car leurs interventions sont louables, mais je trouve comiques leurs expressions de visage qui rappellent les grimaces des rugbymen maoris dansant leur haka. Je suis aussi assez sévère pour certains d'entre eux qui ne soignent guère leur apparence, notamment une fille toujours mal fagotée, mal coiffée. Ces personnes ont pourtant un rang à tenir, puisqu'elles représentent une population tout aussi respectable qu'une autre. Voilà, c'était ma minute « Un peu de respect ! ». J'ai un ami « malentendant » qui m'a avoué préférer lire les sous-titres que regarder ces traducteurs s'agiter, car il ne les comprend pas toujours... Ça me déculpabilise un peu.

Mais si je passe mes soirées devant la télé, c'est essentiellement pour regarder de bonnes séries et de beaux films qui me font tout oublier.

Et puis, lire, lire jusqu'à ce que le sommeil m'abatte.

Nous ne mangeons plus à table. Je sers son repas à Stephan sur une petite table de lit que je glisse devant lui, au salon, et je m'assieds à côté, pour qu'on mange ensemble, malgré tout.

Il n'y a que le petit-déjeuner qu'il prend encore à la cuisine, où on le conduit sur son fauteuil roulant.

Comme le salon est devenu une annexe de la chambre de Stephan, j'ai converti en bureau notre belle salle à manger où l'on a pris de si joyeux repas avec les enfants et les amis. La grande table est maintenant occupée par mon ordinateur et mes paperasses.

J'essaie malgré tout de conserver à l'appartement son aspect accueillant et chaleureux. Je ne veux pas qu'il se transforme en hôpital. Je demande qu'après usage, les fauteuils roulants et autres accessoires médicaux soient remisés hors de vue. J'y tiens autant pour que Stephan se sente toujours « à la maison », que pour ma propre sauvegarde, je l'avoue.

20 octobre

À la fin d'une journée pendant laquelle Stephan n'avait pas été trop somnolent, au cours du petit dîner que je nous avais servi, il m'a dit « Je voudrais rentrer à la maison ». Je demande « Quelle maison ? » « Là où je voulais aller ». « À la campagne ? » « Non » « À Sárospatak ? » Il rit. Je précise « Tu veux aller en Hongrie ? » Il rit : « Pas si loin ! » « Où veux-tu aller ? » « Je sais plus ».

Au coucher, il a demandé où il était. Ça arrive souvent qu'il se sente perdu dans notre chambre. En tout cas, ce soir, il a semblé rassuré que je lui affirme que je serais juste dans la pièce d'à côté, tout près de lui, pour la nuit.

21 octobre

Stephan somnole dans son fauteuil après le déjeuner. Assise en face de lui, je lis un magazine. Il ouvre un œil et dit « Ça commence quand ? » « Quoi ? » Du menton, il me désigne le journal que j'ai dans les mains. Le voit-il comme un programme ? Je tente, « Tu veux dire quand commence le spectacle ? » « Oui ». Je lui dis « Bientôt », il se rendort tranquillement.

22 octobre 2020

Aujourd'hui, sur France inter, Pascal Bruckner défend son dernier livre avec son humour et son agilité d'esprit habituels.

Je passe encore de bons moments en écoutant Le Jeu des Mille euros Spécial Jeunes, le mercredi. Aujourd'hui, à la question « Comment s'appelle la représentation féminine de la République ? » un élève de CM1 a répondu « La Joconde » !

Décembre 2020

Derrière les fenêtres des immeubles d'en face, on installe les sapins de Noël.

Jolies lumières, bouffées de fête.

Manuela m'a demandé quand j'allais installer le mien. J'ai répondu que c'était fini, tout ça. Mais peut-être que finalement, je vais aller pêcher tout en haut d'une étagère le petit « sapin » de Noël 2019, une simple structure en bois et ficelle, très poétique, trouvée chez Maisons du Monde. Après tout, si c'est l'occasion de faire plaisir ne serait-ce qu'à une seule personne, en l'occurrence cette gentille dame qui m'aide au ménage, ce sera toujours ça. Et puis, qui sait, Stephan sera peut-être content de voir ces lumières et ces petits personnages rigolos apparaître dans le salon.

Voilà, je l'ai fait, mon petit sapin.

Les enfants sont venus le 25, avec plein de jolis cadeaux. Ils sont bien gentils, car ça doit être déprimant pour eux de nous rendre visite, maintenant.

Voir leur père et grand-père complètement largué ne doit guère être réjouissant pour eux. Mais ils me soutiennent bien, ça m'est précieux.

La pandémie est toujours là. Elle a révélé des comportements stupides chez plein de gens.

Il y a ceux qui croient que c'est une invention du gouvernement pour nous « soumettre » !!! À quoi, seigneur ??? Il y a ceux qui voient dans la nécessité de porter le masque, une mesure « liberticide ». Il y en a même qui croient qu'on va leur injecter une puce en même temps que le vaccin...

Louis Pasteur, pardonne-leur, ils ne savent pas ce qu'ils disent.

Moi, je veux bien me faire vacciner autant de fois que ce sera nécessaire.

En tout cas, un des « gestes-barrière » a eu un effet spectaculaire : depuis qu'il a été recommandé de se laver les mains régulièrement, il n'y a quasiment plus de cas de gastro-entérite. Donc... Beurk ! Et il s'avère que pour la même raison, dans les hôpitaux, il n'y a plus de maladies nosocomiales. Je rêve, ou bien ça veut bien dire que les soignants, eux non plus, ne se lavaient pas assez les mains ?

Au secours, Semmelweis !

À quoi bon noter au jour le jour les détails de notre malheur ? À quoi bon décrire le naufrage de Stephan ? À quoi bon guetter les progrès de son mal ?

Essayer de ne voir que les petites fenêtres qui s'ouvrent encore quelquefois.

Se laisser surprendre par la malice qui pétille encore dans ses yeux, de loin en loin.

Fondre devant son vrai sourire qui émerge tout à coup.

Constater que, malgré sa misère, IL EST LÀ.

Novembre 2021

J'ai souvent parlé de honte, depuis le début de ce récit.

La dernière, la pire, je l'ai bue il y a deux mois.

Oui, il y a deux mois, au bout du rouleau, malgré mes grandes déclarations d'intention, j'ai installé Stephan dans une résidence médicalisée. Un EHPAD, quoi.

Sa vie, à la maison, ne ressemblait plus à rien. J'ai dû me rendre à l'évidence que je ne faisais pas ce qu'il fallait pour lui, qu'on ne s'occupait pas assez bien de lui, qu'il était en souffrance absolue.

Depuis qu'il est dans cet endroit, je le trouve propre et paisible. Soignantes, kiné, psychologues se succèdent auprès de lui. Et je reconnais qu'au stade où il en est, il est plus dignement traité là-bas qu'il ne l'était ici. La dignité, c'est la chose la plus dure à maintenir chez un malade.

J'espère que cette décision était nécessaire. J'ai été totalement soutenue par son fils, qui me conseillait de la prendre depuis longtemps. Mais je la ressens, malgré tout, comme un échec. J'ai cru sincèrement, tout au long de sa maladie, que je réussirais à organiser autour de Stephan une structure qui pourrait le faire rester chez nous « jusqu'au bout ». Eh bien voilà, je n'ai pas réussi.

À la maison, c'est le grand vide. Je ne peux plus dire à Stephan mes pauvres mots doux, matin et soir, ni lui faire un petit bisou réconfortant.

Je vais le voir deux fois par semaine. Seulement deux fois, car l'EHPAD est loin, dans l'Essonne. Mais c'est le meilleur endroit que j'ai trouvé.

À chaque fois, je constate qu'on l'a correctement habillé, qu'on lui a mis de la musique dans sa chambre et qu'il est calme.

Mais il a cet air triste de ceux qui ont dû accepter leur sort, oui, un air soumis. Stephan est dépossédé de lui-même. Quand je lui demande pardon, il semble comprendre pourquoi.

Et puis, d'autres fois, je suis accueillie par un beau sourire, et quand je me penche pour l'embrasser, il me rend mon baiser. Alors, je me dis que malgré tout, il est LÀ.

N'est-ce pas, que tu es là ?

TROIS TEXTES DE STEPHAN MELDEGG

CHER ROBERT HIRSCH

Dès la première lecture de *Moi, Feurbach*, Robert était déjà tellement juste et si bouleversant, que je me suis dit : « Qu'est-ce que je vais bien pouvoir lui demander ? » Il est de cette école où l'intelligence du texte amène logiquement à une évidence du personnage.

Ce qui m'a frappé aussi, c'est sa fragilité apparente doublée d'une énergie fervente qui sous-tend tout ce qu'il joue. Son dialogue avec les oiseaux (en italien !) était un moment magique. Il me fascinait tous les soirs, humble et tranquille, lors des rappels délirants des spectateurs. L'un d'eux, ne sachant comment lui prouver son admiration, lui jeta sa veste sur la scène. Robert la lui relança élégamment, comme un « merci ».

Parmi mes souvenirs de théâtre, ma rencontre avec Robert, est un des plus touchants.

UN OISEAU RARE

« Un oiseau rare... », « Un délicieux bonbon au poivre... », « La meilleure surprise de la saison théâtrale... », voilà quelques-uns des superlatifs qui ont salué la création de *Cuisine et dépendances* au théâtre La Bruyère, en 1991.

Je me vanterais si j'affirmais que j'ai déniché cet « oiseau » tout seul, comme un grand, qu'au nez et à la barbe de mes collègues directeurs et metteurs en scène j'ai su détecter les qualités de ce texte dès la première lecture, et que, sans l'ombre d'un doute, les auteurs, les acteurs et moi-même avons sereinement emprunté l'autoroute de la gloire inéluctable !

La vérité est plus inattendue, plus subtile et plus intéressante finalement.

En fait, j'avais renvoyé le texte à l'agent d'Agnès et Jean-Pierre en précisant que j'aimais bien la justesse de ton des dialogues, leur modernité, leur humour, le sujet, mais... que je trouvais la pièce un peu courte, et que de toute façon, ma saison était déjà faite. Et j'avoue qu'à ce moment-là, les personnages, l'action, l'aspect concret du spectacle ne prenaient pas forme dans mon imagination.

Le hasard a voulu que Myriam de Colombi et Jérôme Hullot me proposent de mettre en scène la pièce au théâtre

Montparnasse. La rencontre avec les auteurs, prudente et assez raide de part et d'autre, s'est rapidement détendue. En les voyant vivre, discuter, avec leur drôle de réserve passionnée, défendre leurs personnages, dans lesquels ils étaient complètement investis, j'ai eu très envie de travailler avec eux. Et quand, après la lecture avec Agnès et Jean-Pierre, Zabou, Sam Karmann, et Jean-Pierre Darroussin, les directeurs du Montparnasse n'ont pas souhaité donner une suite immédiate, moi, j'étais définitivement conquis. J'avais compris à quel point la pièce parlait bien de notre époque, comme ces gens qu'elle décrivait, avec leurs faiblesses, leur égoïsme, étaient attachants, et comme la détresse des femmes était mise en évidence ; tout cela, avec pudeur et humour. J'ai donc proposé à Agnès Jaoui et Jean-Pierre Bacri de programmer la pièce au La Bruyère, la saison suivante. On connaît la suite...

Et nous nous sommes tout de même retrouvés au Théâtre Montparnasse en janvier 1992, quand le La Bruyère était devenu trop petit pour gérer l'afflux des spectateurs.

Le travail de répétitions de *Cuisine et dépendances* reste un de mes meilleurs souvenirs de théâtre.

Quelque temps plus tard, l'oiseau rare avait fait un petit... C'était *Un air de famille.*

UN INDÉNIABLE AIR DE FAMILLE

C'est avec une très grande impatience teintée d'inquiétude que j'attendais la deuxième pièce d'Agnès Jaoui et Jean-Pierre Bacri. Nombre d'anecdotes et témoignages circulent dans notre métier à propos de l'angoisse de l'auteur après une première œuvre brillamment réussie.

Ainsi, l'Anglais Tom Kempinski, de peur de faire moins bien que sa première fois (*Duo pour violon seul*), est devenu, tour à tour, boulimique, puis anorexique, et n'est sorti de ce marasme qu'en écrivant une deuxième pièce qui parlait de son propre état.

Je ne sais pas si Agnès et Jean-Pierre ont vécu une angoisse comparable ; en tous cas, ils ne m'en ont jamais parlé.

Toujours est-il qu'un beau jour, en 1994, je l'ai eue en main, leur deuxième pièce. Après l'avoir lue, j'étais ébloui : rien à couper, rien à ajouter, aucun passage insatisfaisant. Ça faisait un tout, fort, vrai, drôle, cruel, émouvant. Je n'avais qu'une envie : me mettre au travail.

Il y a longtemps, au restaurant-théâtre « Le tripot » (mon premier lieu), j'avais monté deux courtes pièces de jeunesse de Tenessee Williams, et Mathieu Galley avait écrit dans « Combat » qu'elles étaient l'œuvre d'un auteur qui « ne connaît encore que son inspiration... » Peut-être cela pouvait-il s'appliquer aussi à *Cuisine et dépendances*. Eh bien, pour *Un air de famille*, l'inspiration était toujours au rendez-vous, mais désormais structurée par un métier très assuré et un formidable contrôle de la progression dramatique.

Pour créer la pièce, nous avons été accueillis à bras ouverts par Christian Spillemaecker, au théâtre de la Renaissance. Lors des répétitions, nous avons connu davantage de tensions, plus de débats que lors de notre première aventure, c'était bien naturel. Nous n'avions plus, pour nous porter, la délicieuse sensation d'un saut en parachute. Nous avions perdu un peu d'innocence. Mais la construction implacable de la pièce et la force de ses ingrédients nous a soudés pour arriver à un résultat qui nous mettait tous d'accord. J'ai eu beaucoup de plaisir à diriger les nouveaux venus dans l'équipe, Claire Maurier, Catherine Frot, Wladimir Yordanoff. L'atmosphère poétique du décor de Jacques Voizot, et les belles lumières de Roberto Venturi formaient un écrin parfait pour le spectacle.

Et de nouveau, les dieux du Théâtre ont été avec nous.

Espérons que leur réussite au cinéma n'éloignera pas trop longtemps du théâtre Agnès et Jean-Pierre. C'est là qu'ils se sont révélés à nous et peut-être à eux-mêmes.

LÉGENDES DES PHOTOGRAPHIES

I. Stephan Meldegg à 18 ans.

II. En haut, le château de Sárospatak. En bas, la troupe du *Tréteau de Paris* aux États-Unis. On reconnaît Stephan Meldegg (1er debout à gauche), Nicole de Surmont, première épouse de S.M. (7e en partant de la gauche), Jean de Rigault, directeur de la troupe (2e debout à droite), Bernard Verley (debout à l'extrême droite), Jacques Ciron (2e en bas, à gauche), pardon pour les autres...

III. En haut, Stephan Meldegg avec son fils Thomas. En bas, une lettre de Jean Vilar au directeur du Festival d'Arras.

IV. Stephan Meldegg dans *Rosenkrantz et Guildenstern sont morts* de Tom Stoppard (photo : Marée-Breyer).

V. En haut, Pierre Arditi, Catherine Rich, Bernar Murat et Stephan Meldegg pendant une répétition de *Vernissage* de Václav Havel (photo : agence Bernand). En bas, sur le tournage de *Bobby Deerfield* de Syndney Pollack.

VI. En haut, Stephan Meldegg dans son théâtre (photo Sygma). En bas, la troupe de *Mort accidentelle d'un anarchiste* de Dario Fo. De gauche à droite, France Darry, Jacques Échantillon, Rémy Kirsch, Dario Fo, Jean-Jacques Moreau, Patrick Laval, Stephan Meldegg, Louis Lyonnet (photo : Lot).

VII. Laurent Terzieff dans *Guérison américaine* de James Saunders (photo : Lot).

VIII. En haut, après une représentation de *La valse du hasard* de Victor Haïm. On reconnaît Victor Haïm (2e à gauche), Charlie Mangel (4e de gauche à droite), Fabrice Luchini et Andréa Ferréol (au milieu), Philippe Laudenbach (3e de droite à gauche), Stephan Meldegg et Attica Guedj, pardon pour les autres... En bas, Robert Hirsch et Alain Fromager dans *Moi, Feuerbach* de Tankred Dorst (photo : Enguérand).

IX. En haut, Václav Havel, Jack Lang et Stephan Meldegg, pour la réception de l'auteur au théâtre La Bruyère (photo : agence Bernand). En bas, cérémonie des Molières en

1992, on reconnaît Sophie Marceau, Gérard Hernandez, Stephan Meldegg, Patrice Chéreau, Zabou Breitman, Stephan Freiss, Danièle Lebrun, Henri Virlojeux, Agnès Jaoui, Jean-Pierre Bacri, Smaïn, Jean-Luc Moreau, Maurice Cravenne, pardon pour les autres...

x. En haut, Stephan Meldegg et Alan Ayckbourn à l'Orange tree theater de Richmond. En bas, Stephan Meldegg au milieu de ses affiches et maquettes.

xi. En haut, *Itinéraires bis* de Xavier Daugreilh, avec Marc Fayet, Bernard Verley, Stephan Meldegg, debout, et Annick Blancheteau et Attica Guedj, assises. En bas, Israel Horovitz et Stephan Meldegg après une représentation d'*Opus cœur* d'I. H.

xii. En haut, Stephan Meldegg remplaçant Maurice Garrel en tournée, dans *C'était bien* de James Saunders (photo : agence Bernand). En bas, A. G. et S. M.

xiii. En haut, *Pop-corn* de Ben Elton, avec Léa Gabrièle, Pierre-Olivier Mornas, Jean Lescot, Marc Fayet, Mélodie Bérenfeld, Eliza Maillot, Géraldine Bonnet-Guérin, Ursule Pivert, Jean Mouriere (photo : Lot). En bas, Stephan Meldegg avec ses petits fils, Antoine et Arthur.

xiv. En haut, la moisson de Molières du théâtre La Bruyère (photo : Angeli). En bas, le mariage campagnard D'A. G. et S. M.

xv. Stephan Meldegg en 2007 (photo agence : Bernand).

Tout a été mis en œuvre pour que la source et/ou le détenteur des droits de reproduction de chaque image soient correctement mentionnés et contactés. Toute erreur ou omission sera corrigée dans les futures éditions de cet ouvrage.

Déjà parus aux Éditions Intervalles

LITTÉRATURE

Parano, de Jan Lars Jensen
Douze histoires cul sec, d'Anthony James Perry
D'amour et d'Amazone, d'Anthony Smith
À la recherche d'Hassan, de Terence Ward
Le roman que je n'ai pas écrit, de Linda Grant
Nos années folles, de Linda Grant
1421, l'année où la Chine a découvert l'Amérique, de Gavin Menzies
Twelve Bar Blues, de Patrick Neate
Jérusalem, de Patrick Neate
Les mots pour jouir, de Martin Melkonian
Cent un jours à Bagdad, de Åsne Seierstad
Les Ailes de Sarajevo, de Bill Carter
Boom, Bust, Boom, de Bill Carter
Le Sang des âmes, de Theo Hakola
Rakia, de Theo Hakola
La fin est mon commencement, de Tiziano Terzani
Un devin m'a dit, de Tiziano Terzani
Un autre tour de manège, de Tiziano Terzani
Lettres contre la guerre, de Tiziano Terzani
Bonne nuit, Monsieur Lénine, de Tiziano Terzani
En Amérique, de Tiziano Terzani
Soname ou la bonne fortune, de Soname Yangchen
La demoiselle de Sing Sing, d'Idanna Pucci
Collection irraisonnée de préfaces à des livres fétiches, de M. Page et T. B. Reverdy (dir.)
Les Petites Fées de New York, de Martin Millar
Kalix, la loup-garou solitaire, de Martin Millar
Kalix, la malédiction de la loup-garou, de Martin Millar
La Déesse des marguerites et des boutons d'or, de Martin Millar
Nos mots croisés, de Daphné Kauffmann
Un personnage en Italie, de Daphné Kauffmann
Le Sens de l'équilibre, de Daphné Kauffmann et Clément Leroy
Les Tribulations d'un opiomane (1895-1915), de James S. Lee
Softcore, de Tirdad Zolghadr
Raga Mala, de Ravi Shankar
Voyage au pays des juges, de Jean-Claude Boulard
Le Cartographe, de Guillaume Jan
Traîne-Savane, de Guillaume Jan
Marie et les Autres, d'Axel Léotard
18 % gris, de Zachary Karabashliev
Détrompez-vous !, de Jean Szlamowicz
Les Meilleures Intentions du monde, de Gabriel Malika
Qatarina, de Gabriel Malika
Au nom d'Alexandre, d'Olivier Auroy
L'Amour propre, d'Olivier Auroy
Le Dicorona, d'Olivier Auroy
Christiania ou les enfants de l'utopie, de Laurène Champalle
Comme sur un lit de roses, de Millard Kaufman
Des bambous dans la surface de réparation, de Rowan Simons
Petit journal de bord des frontières, de Gazmend Kapllani
Je m'appelle Europe, de Gazmend Kapllani
La Dernière Page, de Gazmend Kapllani
Le Pays des pas perdus, de Gazmend Kapllani
Voyages sur Chesterfield, de Philippe Coussin-Grudzinski
Là-Batz, le roman d'une île, de Guénaëlle Baily-Daujon

Les Enfants de l'exil, de D. Guelar, V. Jarach, B. Ruiz
Doris Darling, de Ben Elton
Les Menteurs, d'Anthony Neilson
Absolut Barbarian trip, d'Elias Jabre
Comic Strip, d'Arnaud Modat
Bye bye Leningrad, de Ludmila Shtern
Un psychopathe et demi, d'Elias Jabre
Zeus, de Sébastien Gendron
La Nuit des secrets, de David Doma
Le Monde selon Cheng, de Stéphane Reynaud
Avec les hommes, de Mikaël Hirsch
Notre-Dame des Vents, de Mikaël Hirsch
Libertalia, de Mikaël Hirsch
Quand nous étions des ombres, de Mikaël Hirsch
Les Heures pâles, de Gabriel Robinson
Découvrez Mykonos hors saison, de Richard Gaitet
L'Aimant, de Richard Gaitet
Sotchi inventaire, de Jean-Claude Taki
La Paix à l'œuvre, de Menahem Begin et Anouar el-Sadate
L'argent a été viré sur votre compte, de Dimitris Sotakis
Comment devenir propriétaire d'un supermarché sur une île déserte, de Dimitris Sotakis
Une famille presque parfaite, de Dimitris Sotakis
Un grand serviteur, de Dimitris Sotakis
Une bien modeste famille, de Da Ngân
Ça pourrait bien être votre jour de chance, de Mileta Prodanović
Baby Baby, de Marianne Groves
Dans la peau d'un monstre (gentil), d'Yves Brunier
Hôtel International, de Rachel Vanier
Écosystème, de Rachel Vanier
Physique de la mélancolie, de Guéorgui Gospodinov
Un roman naturel, de Guéorgui Gospodinov
Tous nos corps, de Guéorgui Gospodinov
La Belle Affaire, de Sonia Ristić
Des fleurs dans le vent, de Sonia Ristić
Saisons en friche, de Sonia Ristić
Triptyque en Ré mineur, de Sonia Ristić
Celles qui se perdent, de Sonia Ristić
Pornification, de Jean-Luc Marret
Explorations sur le terrain du sexe ukrainien, de Oksana Zaboujko
Weiwei-ismes, d'Ai Weiwei
Notre humanité, d'Ai Weiwei
Le Muscle du silence, de Rouja Lazarova
À la trace, de Carole Zalberg
La Bataille de Penang, de John Robertson
Ping-Pong, de Park Min-kyu
Les Bonnes Mœurs, de Timothée Gaget
Tante Rosa, de Sevgi Soysal
La Porte de la mer, de Youcef Zirem
Nouvelles nouvelles d'Azerbaïdjan, de Michka Assayas (dir.)
Le Peintre et la Voyageuse, de Patricia Almarcegui
L'homme qui ne voulait pas devenir président, de Julien Leclercq
Bouddha Boudoir, d'Elsa Levy
Le Sourire du chien, de Dimana Trankova
La Caverne vide, de Dimana Trankova
Dans l'ombre du viaduc, d'Alain Delmas
Xéno, d'Alain Delmas
Femme de seconde main, d'Uršul'a Kovalyk
L'Écuyère, d'Uršul'a Kovalyk
Petits Hommes, de Konrad Laghos
La Voix de Cabo, de Catherine Baldisserri

Le Merle bleu, de Vesna Maric
Les adultes n'existent pas, de Sylvia Hansel
Cannonball, de Sylvia Hansel
Bulle de savon, de Sylvia Hansel
Les fruits encore verts, de Wioletta Greg
Une petite vie, de Khosraw Mani
Le Pélerinage, de Tiit Aleksejev
Deuxième mi-temps, d'Hugues Serraf
Le Dernier Juif de France, d'Hugues Serraf
La Vie, au fond, d'Hugues Serraf
Avenida Vladimir Lénine, de Constance Latourte
Le Ballet des retardataires, de Maïa Aboueleze
En haut de l'affiche, de Fabrice Châtelain
Le Mâle du siècle, de Fabrice Châtelain
Cafard noir, de Stéphane Rose (dir.)
Le Chien, son maître et les parents proches, de Tagbumgyal
Dieu, le point médian et moi, d'Anne Robatel
Contrechants, d'Anne Robatel
La littérature n'est pas qu'un sport de combat, d'Anne Robatel
La Correction, de Guillaume Lafond
Sanatorium, de Barbara Klicka
Ton fils Huckleberry Finn, de Bekim Sejranović
La Vie suspendue, de Baptiste Ledan
Un été à Anafi, de François-Xavier Freland
À l'école de l'universel, de François-Xavier Freland
Filles de l'Est, femmes à l'Ouest, d'Élisabeth Lesne (dir.)
Cancel ! d'Hubert Heckmann
Petit manuel de postmodernisme illustré, de Shmuel Trigano
Qui est l'extrémiste ? de Pierre-André Taguieff
Les Habits neufs du féminisme, de Sabine Prokhoris
La Post-vérité ou le dégoût du vrai, de Claudine Tiercelin
Nous dînerons en français, d'Albena Dimitrova
L'Or qui fait de l'or, d'Albena Dimitrova
Carnets perdus du Japon, de Patricia Almacergui
Un amour sous la guerre, d'Olivier Jacquemond
La Colère selon M, de Guillaume Lafond
Petite mystique du genre, de François Rastier
Les Doux, d'Anguel Igov

PHOTOGRAPHIE, LIVRES ILLUSTRÉS

Idolâtrisme, de Jocelyn Bain Hogg
Les Enfants d'Abraham, d'Abbas
Tokyo Love Hello, de Chris Steele-Perkins
Toxi Food, de Sabine Pigalle
Festins libertins, de Sabine Pigalle
Protectors, de Sabine Pigalle
Coronabécédaire, de Sabine Pigalle
India notes, de Raghu Rai et Tiziano Terzani
Cinéma, de Xavier Lambours
Roland-Garros, fenêtre sur courts, de Stéphan Gladieu
De la guerre et de l'amour, de Fouad Elkoury
J'émerge, de Fouad Elkoury
Lettres kazakhes, de Guillaume Reynard et Jean-Claude Taki
Sotchi pour mémoire, de Guillaume Reynard et Jean-Claude Taki
Quarante-cinq histoires d'automobiles, de Magnum Photos et Bruno Gibert
Georges Aperghis : Avis de tempête, de Célia Houdart
Le Travail révélé de Sophie Prunier-Poulmaire (dir.)
Êtres au travail de Sophie Prunier-Poulmaire (dir.)
California Dreaming, de Naomi Harris et Yann Perreau
Under Gods, de Liz Hingley
La lutte continue, de Tomas van Houtryve
Mortem, d'éric Atlan
Le Chant du Monstre, revue (n° 1, n°2, n°3)
Gueule d'Hexagone, du collectif Argos
S.A.P.E., d'Héctor Mediavilla
Terre de foot, d'Aurélien Abels Eber, Romain de La Bouvrie et Thomas de La Bouvrie
Les Bâtisseurs, de Jérôme Cabanel
It's not only Rock'n'Roll, de Catherine Viale et Mathias Moreau
Papa porte une robe, de Piotr Barsony
Marc Édito, l'homme idéal, de Piotr Barsony
Éloge des arborinidés, de Julien Nouveau
Spektrum Berlin, de Matthias Heiderich
Flying Blues, d'Emmanuelle Han
Rhizome, de Geraldine Jacques
EuroBus, de Taylor Holland
Parisian Gentleman, d'Hugo Jacomet
Italian Gentleman, d'Hugo Jacomet
Angelo Mariani, le vin de coca et la naissance de la publicité moderne, d'Aymon de Lestrange
Terres à vendre, de Cécile Cazenave (dir.) et Terra Project
Tribus du monde, d'Anne de Vandière
H/AND, d'Anne de Vandière
La Faune parisienne, de Caroline Dartiailh et Laure Didry
Ici prochainement : Sarajevo, d'Alban Lécuyer
Regarde où tu marches, collectif
Monstres médiévaux, de Damien et Maria Kempf
Chasseur de monstres médiévaux, de Damien Kempf
Utopia, de Carlo Bevilacqua
Personal Tattoo, de Sophie Le Berre
Bibliométéo, de Marthe Pequignot
Les Villes émotionnelles, de Julie Andrade et Audrey Zeilas
Mékong écoportrait, de Martin Bertrand
La Résidence, de Magali Delporte
Reverse, Carnavals du monde, de Emmanuelle Rochard

Achevé d'imprimer en mars 2024
Imprimé en France par Laballery à Clamecy (58)
Dépôt légal : deuxième trimestre 2024
N° d'impression : 403407

Couverture et composition : Marion Papail
Révisions : Hélia Berthe, Marion Papail

Éditions Intervalles

Direction éditoriale : Armand de Saint Sauveur

2 rue Bleue 75009 Paris France
Tel. : +33 1 53 43 83 30
www.editionsintervalles.com